БУРХАНЫ ХҮЧ ЧАДАЛ

Цаг хугацааны эхлэлээс хойш төрөлхийн сохор хүний нүдийг нээснийг хэн ч хэзээ ч сонсоогүй. Хэрэв энэ хүн Бурханаас ирээгүй юм бол Тэр юу ч хийж чадахгүй байсан гэж хэллээ.
(Иохан 9:32-33)

БУРХАНЫ ХҮЧ ЧАДАЛ

Dr. Jaerock Lee

БУРХАНЫ ХҮЧ ЧАДАЛ Доктор Жаерок Лее зохиогч
Урим Хэвлэл Газраас Хэвлэн гаргав (Төлөөлөгч: Johnny. H. Kim)
235-3, Куро-донг 3, Куро-гу Өмнөд Солонгос Улс
www.urimbooks.com

Хэвлэлийн бүрэн эрхийг хүлээн авав. Энэ номын эхийг болон хагасчилан цахилгаан болон механик шугам шүлжээ мэдээлэлийн хэрэгсэлээр фото зураг авалт хийх болон хальст хуурцаг бичлэгийг
зохиогчийн эрхгүйгээр хийхийг чандлан хориглоно.

Энэхүү номын судрын ишлэлүүдийг Ариун Библи, АМЕРИКИЙН СТАНДАРТЫН ШИНЭ БИБЛИЭС ® ишлэн авав. Зохиогчийн Эрх ©
1960, 1962, 1963, 1968, 1971, 1972, 1973, 1975, 1977, 1995 онуудад Локман Сангаас зөвшөөрөл аван хэрэглэв.

Хэвлэлийн Эрх ® 2009 Доктор Жаерок Лее
ISBN: 979-11-263-1189-7 03230
Орчуулгыг хийсэн Доктор Кооёунг Чунгаас
хэвлэлд нийтлэх зөвшөөрөл авав.

Өмнө нь Урим Ном Судар Хэвлэлийн газар 2004 нийтлэн хэвлэн гаргав

Анхны дугаарын нийтлэлийг 2005
Хоёр дугаар нийтлэлийг 2009

Хянагч Доктор Геумсум Вин
Өмнөд Солонгосын Урим Ном Хэвлэлийн Газар Нийтлэв.
Тодорхой мэдээлэлийг urimbook@hotmail.com хаягаар хүснэ үү.

Өмнөх Үг

Бүхнийг бүтээгч Бурхан Эцэг болон Есүс Христийн сургаал номлолыг олон хүмүүс Ариун Сүнсний хүчээр олж мэдэж авцгаагаасай хэмээн залбирнам...

2003 оны Тавдугаар сард зохион явагдсан арван нэгдүгээр Хоёр Долоо Хоногын Тусгай Сэргээлтийн Уулзалтаас хойш Бурханы алдар сууг бататган гэрчилсэн агуу гайхамшигт гэрчилэлтүүдийг боть ном болгон хэвлүүлэх боломж олгосон Бурхан Тэнгэрлэг Эцэгтээ тун их баярланам.

1993 оноос хойш манай сүмийн бүтээн байгуулалтын арван жилийн ойн баярт үйл ажиллагааны дараа Бурхан Манмин Төв сүмийн гишүүдийн итгэлийг улам их бататгахын тулд жил бүр зохион байгуулагддаг Хоёр Долоо Хоногын Тусгай Сэргээлтийн Үйл ажиллагаанд сүнслэг тохиолдолуудыг бий болгосоор байдаг билээ.

1999 оны Сэргээлтийн Уулзалтууд дээр "Бурхан бол

Хайр" хэмээх сэдэвт үйл ажиллагаан дээр Манмин Сүмийн гишүүдийг сургаал номлолуудын гол учир шалтгааныг хайрын хуулийн дагуу ойлгож мэдэхэд нь маш их тусласан ба Агуу гайхамшигыг бий болгогч бидний Их Эзэнтэйгээ адил болцгоохыг уриалан дуудсан олон гайхамшигт зүйлс болов.

Шинэ зууны 2000 оны эхэн үеэс эхлэн Бүхнийг Бүтээгч Бурхан Эцэгийн хүч чадал болон Есүс Христийн сургаал номлолуудыг Ариун Сүнсний тусламжтайгаар дэлхий дахинаа тараан тунхаглахын тулд Бурхан биднийг Сэргээлтийн Уулзалтын үйл ажиллагаануудыг Моогоонгва сансрын хиймэл дагуулын цахилгаан хэрэгсэлээр дамжуулан интернэтээр цацан дамжуулж эхэлсэн билээ. 2003 онд 300-гаад сүмүүдийн үзэгч олон хуран цугларцгаасан ба Солонгосын болон олон орны хүмүүс тэрхүү Сэргээлтийн Уулзалт үйл ажиллагаанд оролцоцгоосон билээ.

Бурханы Хүч Чадал хэмээх энэхүү номонд Бурхантай хэн уулзан Түүний агуу хүч чадлыг эзэмшин авах, хүч чадлын өөр өөр ангилалууд, Хамгийн

Дээд Хүч Чадал нь юу болох болон Түүний Бүтээн байгуулсан хүн төрөлхтөн нь хэрхэн гайхамшигыг бүтээж чадах хэмжээ хязгаарын тухай тус тус дурдан өгүүлсэн байдаг.

Бурханы дүр төрхийг хайн дагацгаадаг хүмүүст Бүхнийг Бүтээгч Бурханы хүч чадал уламжлагдан ирдэг билээ. Мөнтүүнчлэн, тэрхүү хүний сэтгэл зүрх нь Бурхантай нэгдэн холбогдоход Есүсийн хийж бүтээж байсан агуу гайхамшигт хүч чадал нь илэрхийлэгддэг билээ. Энэ нь Иоханы 15:7-д бидний Их Эзэн, "Намайг даган мөрдөцгөөн Миний үгийн сургаалаар амьдарцгаах аваас хүссэн болгонг тань сэтгэгчилэн биелэх болно" хэмээн хэлсэн байдаг.

Миний хувийн амьдралд гарч байсан агуу гайхамшигт нөлөөлөлүүд болон долоон жилийн турш өвчин зовлонд баригдан шаналан зовлонгоосоо салаад Бурханыхаа чин үнэнч дагалдагч нь болохын тулд маш олон удаа мацаг барин залбирч байсан билээ. Маркын 9:23-д, "Итгэлтэй хүнд юу хүссэн нь биелэн бүтэх болно." хэмээн бидэнд хандан хэлсэн байдаг. Би Есүсийн, "Үнэнээр, үнэнээр Би та нарт хэлье. Надад итгэдэг хүн Миний хийдэг ажлуудыг бас хийх бөгөөд эдгээрээс агуу ажлуудыг ч хийх болно. Яагаад гэвэл Би Эцэгтээ очно." хэмээн хэлсэнд сэтгэл зүрхэнийхээ угаас итгэн найдаж байсан билээ. Үүний улмаас жил бүр зохион байгуулагддаг Сэргээлтийн Уулзалтанд Бурхан бидэнд агуу их гайхамшиг болон адислалуудыг бий болгосон билээ. Мөнтүүнчлэн, 2003 оны Сэргээлтийн Уулзалтын үйл ажиллагаанд Бурхан өөрийнхөө гайхамшигт үйл ажиллагаа адислалуудаа сохор, доголон, болон сонголгүй хүмүүсийг эдгээн анагаахад онцгойлон анхаарч байлаа.

Хэдий шинжлэх ухааны үйл ажиллагаа өсөн хөгжиж байгаа өнөө үед ч гэсэн хараа болон сонголоо алдацгаасан хүмүүсийг эмнэлгийн аргаар эмчилэн эдгээх нь бараг боломжгүй байдаг билээ. Агуу гайхамшигт Бурхан маань намайг индэр дээрээс залбирал үйлдэхэд үхсэн байсан эд эсүүд нь сэргэцгээн хараагүй хүмүүс хараатай болж, сонголгүй болон хэлгүй хүмүүс сонголтой, хэлтэй болцгоож байлаа. Нэмж хэлэхэд, тахийж мохойсон байсан нугаснууд нь тэгширэн тэнийж, тахир дутуу доголон байсан хүмүүс хөлтэй болцгоогоод баярлан таяг болон түрдэг тэргээ орхин хаяцгаан байлаа.

Агуу гайхамшигт Бурханы маань хүч чадал нь цаг хугацаа орон зайн хамааралгүй үтэр түргэн хугацаанд үйлчилэн бий болсоор байлаа. Сэргээлтийн Уулзалтанд оролцож байгаа хүмүүс Бурханы агуу гайхамшигт хүчийг интернэт болон сансрын цахилгаан мэдээгээр өнөөдөр хүртэл хүлээн авцгааж байдаг билээ.

Бурханы ариун гэгээн үйл ажиллагааг нэгтгэн 2003 онд бий болгосоноос хойш Сэргээлтийн Уулзалтын дараа маш олон хүмүүс амин үгсийг олж мэдэцгээн Бурханы хүч чадлыг хүлээн авцгаан Бурханы алдар сууг бадруулан мандуулцгааж байдаг билээ.

Хэвлэл Мэдээлэлийн Хорооны Удирдагч Геумсун Вин болон Орчуулгын Хорооныхонд тэдний чин үнэнч шургуу гайхамшигт үйл ажиллагаанд талархалаа илэрхийлмээр байна.

Бүхнийг бүтээн бий болгосон Бурхан Эцэг болон Есүсийн сургаал номлолуудыг Ариун Сүнсний агуу гайхамшигуудыг эрхэм уншигч та олж мэдэн өөрсдийн амьдралдаа хэрэгжүүлэн аз жаргал баяр баясгалангаар дүүрэн бялхаасай хэмээн хүснэм.

Жаерок Лее

Танилцуулга

Бурханы ариун гэгээн хүч чадлыг эзэмшихэд туслах агуу гайхамшигт товхнол тул эрхэм та энэхүү номыг заавал уншаарай.

2003 оны Тавдугаар сард болсон 'Арван Нэг дэхь Хоёр Долоо Хоногын Тусгай Сэргээлтийн Уулзалтан' дээр яриа өгсөн Доктор Жаерок Лее гуайн Бурханы агуу гайхамшигуудыг эмхэтгэн товхмол болгох боломж олгосон Бурхан Тэнгэрлэг Эцэгтээ би туйлын их талархаж байна.

Бурханы Хүч Чадал хэмээх энэхүү ном нь "Хүч Чадал" хэмээх сэдэвт Сэргээлтийн Уулзалтанд яригдаж байсан сэдвийн талаар болон Амьд Бурханы болон Есүс Христийн сургаал номлолыг даган мөрдсөнөөс хүлээн авсан гайхамшигт гэрчилэлүүдийг эрхэм та уншаад өөрийн эрхгүй Бурханы энэрэл хайранд умбан орох болно.

Анхны мэдээнд, "Бурханд Итгэх" хэмээх сэдэвт Бурханы дүр төрх болон Түүнд итгэх нь ямар учиртай болон Түүний агуу гайхамшигуудын тайлбарлаж байсан шиг мэдрэмж гайхамшигуудтай хэрхэн учирах талаар дурдан бичсэн байдаг.

Хоёрдугаар мэдээнд, "Их Эзэнд итгэх нь" хэмээх сэдэвт Есүс яагаад энэ дэлхий дээр ирсэн тухай, Есүс яагаад бидний цорын ганц аврагч маань болсон болон Их Эзэн Есүст л итгэсэнээр авралыг хүлээн авах талаар тус тус дурдан байдаг.

Гуравдугаар мэдээнд, "Гэрэл" хэмээх энэхүү сэдэвт сүнслэг гэрэл гэгээ гэдэг маань юу болох, Бурхантай уулзахын тулд бид юу хийх хэрэгтэй болон Гэрэл Гэгээт Бурхантай уулзахын тулд бид Бурханы гэгээнт замаар хэрхэн алхах тухай тус тус дурдан бичсэн байдаг.

Дөрөвдүгээр мэдээнд, "Гэрэл Гэгээ" хэмээх сэдэвт ба сүнслэг ертөнцийн гэрэл гэгээ болон Ариун гэгээн гэрэл гэгээ болсон

Бурхантайгаа уулзахын болон адислалуудыг хүлээн авахын тулд бид гэрэл гэгээт амьдралаар амьдрах тухай дурданбичсэн байдаг.

Тавдугаар мэдээнд, "Гэрлийн Хүч Чадал" хэмээх энэхүү сэдэвт, Бурханы хүч чадлын дөрвөн зэрэглэлт төрлийн гэрэл гэгээнүүд нь хэрхэн хүн төрөлхтөнд нөлөөлж байсан зэрэглэлд хэрхэн гэрчилэлүүдийг хүлээн авч байсан тухай тус тус дурдан байдаг. Мөнтүүнчлэн, Бүтээн Байгуулалтын Хамгийн Дээд Гайхамшиг Хүчүүдийн талаар болон Бурханы хязгааргүй асар уудам хүч чадлыг хэрхэн хүлээн авах талаар дурдан бичсэн байдаг.

Төрөлхийн хараагүй сохор нэгэн хүн Есүстэй уулзаад хараа орсон агуу гайхамшигт гэрчилэл дээр үндэслэн бичигдсэн Зургадугаар мэдээ болох "Сохор Хүний Хараа Нээгдэх болно" хэмээх сэдэв нь эрхэм таныг Бүхнийг Бүтээгч Бурханы хүч чадлыг ойлгоход туслах болно.

Долдугаар мэдээнд, "Хүмүүс Босоод, Догонцон Алхаад мөн Алхацгаах болно" хэмээх энэхүү сэдэвт нэгэн саа өвчтэй хүн найз нөхдийнхөө тусламжтайгаар алхаж чаддаг болсон тухай дурдан бичсэн байдаг. Мөнтүүнчлэн, энэхүү сэдэв нь уншигч олныг итгэлийн угт ямар гайхамшигт зүйлс байдаг талаар дурдан бичсэн байхаас гадна Бурханы тэрхүү гайхамшигт хүчүүдийг өнөө үед ч бий болгож байдаг тухай дурдан бичсэн байдаг.

Наймдугаар мэдээнд, "Хүмүүс Баярлан Цэнгэн Бүжиглэн Дуулцгаана" хэмээх сэдэвт нэгэн дүлий хүн Есүсийн өмнө очин адислал энэрлийг хүлээн авсан тухай дурдсан байдаг ба тийм гайхамшигт Бурханы хүч чадлыг өнөө үед ч гэсэн хүлээн авах боломжтой тухай дурдан бичсэн байдаг.

Эцсийн Бүлэг болох Есдүгээр мэдээ болох, "Эцэж Унтрашгүй Бурханы Сайхан Хүсэл" хэмээх энэхүү сэдэвт хорин жилийн өмнө Бурханы ариун нандин хүсэл болсон Манмин Төв Сүмийн үйл ажиллагаа нь Бурханаас хэрхэн илчлэгдсэн тухай дурдан бичсэн байдаг.

Энэхүү гайхамшигт үйл ажиллагаагаар маш олон хүмүүс итгэл найдвартай болцгоон Бүхнийг Бүтээгч Бурханы хүч чадлыг ойлгон мэдээд Ариун Сүнсний хүч чадлыг өөрсдийн амьдралдаа хэрэгжүүлэцгээгээсэй хэмээн Их Эзэний нэр дээр гуйн залбирнам!

Геумсун Вин
Хэвлэлийн Хорооны Дарга

Гарчиг

Мэдээ 1

Бурханд Итгэх нь (Евреи 11:3) · 1

Мэдээ 2

Их Эзэнд Итгэх нь (Евреи 12:1-2) · 25

Мэдээ 3

Эрдэнийн Зүйлсээс Илүү Гайхамшигт

Үзэсгэлэнт Зүйлс (2 Тимот 2:20-21) · 47

Мэдээ 4

Гэрэл Гэгээ (1 Иохан 1:5) · 67

Мэдээ 5

Гэрэл Гэгээний Хүч Чадал (1 Иохан 1:5) · 85

Мэдээ 6

Хараагүй Хүний Мэлмий Нээгдэн Хараа Орох Болно
(Иохан 9:32-33) · 117

Мэдээ 7

Хүмүүс Босоцгоон, Догонцон Алхацгаах Болно
(Марк 2:3-12) · 135

Мэдээ 8

Хүмүүс Баярлалдан, Бүжиглэлдэн Дуулцгаах болно
(Марк 7:31-37) · 157

Мэдээ 9

Эцэж Унтрашгүй Бурханы Ариун Нандин Хүсэл
(Дэд Хууль 26:16-19) · 179

Мэдээ 1
Бурханд Итгэх нь

Еврей 11:3

*Бурханы үгээр ертөнц
бүтээгдсэн бөгөөд тийнхүү харагдах зүйлс нь
үзэгдэх зүйлсээс бий болгогдоогүйг
бид итгэлээр ойлгодог*

1993 онд зохион байгуулагдсан Хоёр Долоо Хоногын Тусгай Сэргээлтийн Үйл Ажиллагааны дараа эмнэлгийн болон шинжлэх ухааны аргаар эдгэрэшгүй өвчин зовлонд баригдсан хүмүүс Бурханы ариун гэгээн хүч чадлыг өөрсдийн биеэрээ эдгэрэн сайжирч байгааг олж харцгаасан билээ.Сүүлийн арван долоон жилийн турш бид Маркын 16:20-д бичсэн шиг Бурханы үг нь биелэгдэн бий болж байгааг харцгаасан билээ.

Агуу гайхамшигт итгэлийн сургаал номлол болон хайр энэрэлээр Бурхан Манмин сүмийн гишүүдийг сүнслэг ертөнцийн гайхамшигт хүргэн аваачсан билээ. Мөнтүүнчлэн, Сэргээлт Уулзалтуудаар Бурхан Түүний агуу гайхамшигт хүч чадлуудыг илэрхийлэн үзүүлсэнээр дэлхий дахинаа алдаршсан агуу гайхамшигт Сэргээтлийн Уулзалтыг бий болгосон билээ.

Есүс Маркын 9:23-д, "Хэрэв чи итгэх аваас бүх зүйлс биелэгдэх болно" хэмээн дурдан бичсэн байдаг. Тиймээс, эрхэм та чинь үнэнч итгэл найдварыг эзэмшиж чадах аваас юу хүссэнээ хүлээн авах боломжтой байх билээ.

Тэгвэл бид юунд болон хэрхэн итгэцгээх хэрэгтэй вэ? Хэрэв бид Бурханыг үнэн зөвөөр мэдэхгүй болон юунд яаж итгэхээ мэдэхгүй байх аваас Түүний агуу гайхамшигт хүч чадлыг ойлгож мэдэхгүй мөн Түүнээс хүлээн авах хариултуудыг ойлгохгүй байх билээ. Тийм ч учраас үнэн зөвөөр итгэн дагах нь маш чухал юм.

Бурхан гэж Хэн бэ?

Юуны түрүүнд, Бурхан нь жаран зургаан номын хураангуйлсан Библийн зохиогч юм. 2 Тимотын 3:16-д, "Бүх сургаал номлол судар бичгүүд нь Бурханаас илгээгдсэн юм" хэмээн дурдан бичсэн байдаг. Библи нь жаран зургаан номын хураангуйлсан бичмэлүүдээс бүрдсэн байдаг ба 1600 жилийн туршид нийт гучин дөрвөн хүн бичиж тэмдэглэсэн байдаг. Хэдий тийм ч хамгийн гайхамшигтай зүйлс нь Библийн ном болгон нь өөр өөр зуунд байсан хүмүүсийн бичиж тэмдэглэсэн нь эхнээсээ дуустал нь бүх зүйлс харилцан холбоотой уялдаатай байдаг билээ. Өөрөөр хэлбэл, Библид бичиж үлдээсэн хүмүүс маань өөр өөр зуунд амьдарцгааж байсан боловч Бурханы үгийг нарийн сайтар бичиж тэмдэглэн Бурханы хүсэл зорилгыг олон зууны туршид өгүүлэн бичсэн байдаг. Тийм ч учраас Бурханы үг болох Библи дээр бичигдсэн зүйлс нь итгэн дагах аваас аврал энэрэлийг хүлээн авах болно хэмээн дурдан бичсэн байдаг.

Дараагийн ярих сэдэв бол Бурханы "Би бол Би юм" (Египетээс гарсан нь 3:14) хэмээн хэлсэн юм. Хүний гараар урлагдан бүтээгдсэн худал хуурмаг бурхад биш Бурхан Тэнгэрлэг Эцэг маань цаг хугацааны эхнээс хүртэл үүрдийн мөнхөд оршин тогтнож байсан билээ. Мөнтүүнчлэн, бид Бурханыг хайр (1 Иохан 4:16), гэрэл гэгээ (1 Иохан 1:5) болон бүх зүйлсийг шүүн тунгаах хүн хэмээн тодорхойлон нэрлэдэг билээ. Гэвч энэ бүгдийн эцэст бид Бурханыг агуу их хүч чадалт, энэ дэлхий ертөнцийг бүтээн бий болгосон хүн гэдгийг сайтар ойлгон ухаарах хэрэгтэй билээ.

Гэвч, Бурхан тэнгэр газрыг бүтээн байгуулсан агуу гайхамшигт хүч чадалт хүн гэдгийг бид үргэлж санах ёстой. Агуу гайхамшигт Бурхан маань Өөрийнхөө хүч чадлыг хүн төрөлхтөнийг бүтээн бий болсоноос хойш үзүүлсээр байсан билээ.

Бүх Зүйлсийг Бүтээн Байгуулагч

Эхлэлийн 1:1-д, "Эхэнд Бурхан газар дэлхий болон диваажинг бүтээсэн билээ" хэмээн хэлсэн байдаг. Евреин 11:3-д, "Бурханы үгээр ертөнц бүтээгдсэн бөгөөд тийнхүү харагдах зүйлс нь үзэгдэх зүйлсээс бий болгогдоогүйг бид итгэлээр ойлгодог" хэмээн дурдсан байдаг.

Цаг хугацааны эхэн үед Бурханы хүч чадлаар дэлхий ертөнц бүтээн байгуулагдсан билээ. Түүний агуу хүчээр газар дэлхий, нар сар, тэнгэрт гялалзах одод, мод зүлэг, амьтан ургамал, ан араатан, загас жараахай болон хүн төрөлхтөнийг бүтээн бий болгосон билээ.

Хэдий тийм боловч Бурхан Агуу Их Бүтээгчийн маань хийсэн бүтээсэнг дэлхийн маш олон хүмүүс ертөнцийн бодит байдлаар бүгдийг дүгнэн үзэцгээдэг тул ер итгэцгээдэггүй билээ. Жишээлбэл, тэдгээр хүмүүсийн оюун ухаанд дэлхий ертөнц нь ямар ч зүйлсээс биш бүтээгдсэн гэдгийг хүлээн зөвшөөрч ойлгоцгоодоггүй билээ.

Тийм ч учраас хувьсалын ухагдахуун бий болсон юм. Хувьсалын ухагдахууныг баримтлагчид хэлэхдээ, амьд бие организм нь тохиолдлоор бий болцгоосон ба үүнээсээ үндэслэн бий болцгоосон хэмээн үзэцгээж байдаг. Бурханы бүтээсэн зүйлст итгэцгээдэггүй хүмүүс мэдээж Библид бүр итгэцгээдэггүй билээ. Тэд диваажин болон тамын талаарх ухуулан таниулах зүйлсийг үл ойшоон тэнд байгаагүй болон хараагүй хэмээн учирлан тайлбарлацгааж, Бурханы Хүү энэ дэлхийд хүрч ирж хүний махан бодийг хүлээн аваад загалмайнд цовдлогдон нас бараад дахин амилан диваажинд очисон зэрэгт огт итгэцгээдэггүй билээ.

Хэдий тийм ч гэсэн, шинжлэх ухаан хөгжин дэвшиж байгаа нөхцөлд хувьсалын ухагдахууны буруу ташаа байдал нь илрэгдэн гарсаар байдаг. Бид хэдий шинжлэх ухааны үндэслэлээр батласан олон баттай мэдээлэлүүдийг үзүүлэх боломжгүй ч гэсэн хүн төрөлхтөний үүсэл хөгжлийн талаарх батласан маш олон жишээг дурдан үзүүлэх боломжтой байдаг билээ.

Бүхнийг Бүтээгч
Бурхан Байдаг гэдгийг баталсан баримтууд

Нэгэн жишээг энд дурдая. Энэ дэлхийд хоёр зуугаад улс орнууд болон түүнээс маш олон үндэстэн угсаатанууд байцгаадаг билээ. Тэд хэдий цагаан, хар эсвэл шар арьстай байдаг ч гэсэн тэд бүгд хоёр нүдтэй байдаг. Тэд бүгд л хоёр чих, нэг хамар болон хамрын хоёр

нүхтэй. Энэхүү хэв маяг нь зөвхөн хүмүүст ч биш газар дэлхийн ан амьтад, жигүүртэн шувууд болон загас жараахайд хүртэл байдаг. Зааны хошуу нь хэдий маш том бөгөөд урт ч гэсэн хамрын хоёр нүхтэй л байдаг. Хүн, амьтад, шувууд болон загас жараахайнууд хүртэл нэг амтай ба яг л ижил байрлалд байдаг. Зарим амьтадын доторх эд эрхтэн нь бага зэрэг зөрүүтэй байдаг боловч ихэнхи амьтадын бүтэц зохион байгуулалт нь яг адил байдаг.

Энэ бүгд нь хэрхэн тохиолдолоор ийнхүү бий болцгоосон гэх вэ? Энэ нь Агуу Гайхамшигт Бурхан маань хүн төрөлхтөн, ан амьтад, шувууд болон загас жараахайг бүтээн бий болгосоны баттай нэгэн баримт юм. Хэрвээ энэ дэлхий дээр нэг бус бүтээн байгуулагч нар байсан бол бүтээгдсэн амьд организмын хэв маяг, хэлбэр дүрс нь тус тус өөр өөр байцгаах байсан билээ. Тийм ч учраас бидний Бурхан маань Цорын Ганц аврагч маань ба бүх амьд нэгэн хэвээр хийж бүтээсэн юм.

Мөнтүүнчлэн, Бурхан энэ дэлхийн бүх зүйлсийг хийж бүтээн байгуулсан гэдгийг баталсан маш олон зүйлсийг бид олж мэдэж болох билээ. Ромын 1:20-д, "Ертөнц бүтээгдсэнээс хойш Түүний үл үзэгдэх чанарууд, Түүний мөнх хүч ба бурханлаг төрх нь бүтээгдсэн зүйлсээр дамжуулан ойлгогдон, илэрхий харагдаж байгаа. Иймээс тэдэнд шалтаг байхгүй." хэмээн дурдан бичсэн байдаг. Бурхан эдгээр зүйлсийг хийж бүтээн Түүний оршин тогтнож байдгыг няцаахгүй гэдгийг мэдээсэн хэмээн хүсдэг билээ.

Хабаккук 2:18-19-д, "Шүтээнийг хүн сийлэн бүтээсэн хойно түүний ашиг тус юу вэ? Эсвэл худал хуурмагийг заагч баримал хөргүүдийн ашиг тус юу вэ? Үүнийг хийгч нь ярьж чаддаггүй шүтээнүүдийг урлахдаа гарын бүтээлдээ л итгэн найддаг билээ. Модны тайрдсанд хандан "Сэрээч!" гэж, дүлий чулуунд "Босооч!"

хэмээн хэлдэг хүн хөөрхийлөлтэй ээ! Тэдгээр нь чамд багш болж чадна гэж үү? Үзэгтүн, тэд чинь алт, мөнгөөр бүрүүлсэн бөгөөд дотор нь ямар ч амьсгал байдаггүй." хэмээн дурдсан байдаг. Хэрэв та нарын хэн нэгэн нь тань Бурханыг мэдэлгүй хий хоосон шүтээнд шүтсэн бол эрхэм та өөрсдийн гэм нүглээ чин сэтгэлээсээ наминчилан уучилалт гуйцгаана уу.

Бүхнийг Бүтээгч Бурхан
Байдаг гэдгийг Библийн баталсан баримтууд

Бурханы агуу гайхамшигт батлагаа болсон зүйлс хүмүүсийн эргэн тойронд байхад ч гэсэн тэдгээр хүмүүс Бурханд үл итгэцгээж байдаг билээ. Тийм ч учраас Түүний гайхамшигт хүч чадлыг Бурхан Түүний оршин тогтнож байдаг гэдгийг батласан агуу гайхамшигыг бий болгосоор байдаг. Хүний хүч чадлаар бий болгож чадахгүй агуу гайхамшигыг Бурхан бий болгон гайхамшигуудыг үзүүлдэг билээ.

Библи дээр, Бурханы агуу гайхамшигт хүч чадлыг илэрхийлсэн гайхамшигт үйлсүүдийг бий болгосон тохиолдолууд олонтаа байдаг. Улаан Тэнгис хуваагдах, хөх тэнгэрийн уудамд нар зогсонги байдалд байх, болон тэнгэрийн хаант улсаас газар дэлхийд гал илгээгдэх зэрэг олон гайхамшигт зүйлсийг дурдан бичсэн байдаг. Тэнгисийн шорвог ус нь ундны цэвэр ус болон хувирагдсан, ундын цэнгэг ус хад чулуунаас ундран гарсан байдаг. Үхсэн хүмүүс дахин амилагдан, өвчин зовлон эдгэрэн илааршицгаан дийлэшгүй байлдаанд хүртэл ялалт байгуулагдаж байсан зүйлсүүд ч байдаг билээ.

Хүмүүс агуу гайхамшигт Бурханд хандан залбирал үйлдэн гуйхад тэд Түүний гайхамшигуудыг хүлээн авцгааж байдаг билээ. Тийм ч учраас Библи дээр бичсэнчилэн Бурхан Өөрийн хүч чадлаа үзүүлэн биднийг олонтаа авран хамгаалцгаан итгэлийг бий болгоцгоож байдаг билээ.

Гэвч, Түүний агуу гайхамшигт хүч чадал нь зөвхөн Библи дээр ч дурдагдаагүй байдаг. Бурхан мөнхөд адил, үнэн бодитоор байж байдаг тул Түүний хүч чадал болон агуу гайхамшигууд нь өнөө үед ч гэсэн дэлхий дахинаа бий болсоор байдаг билээ. Тэрбээр энэ талаар өөрөө ч гэсэн дурдан хэлсэн байдаг. Маркын 9:23-д, "Эрхэм та итгэх аваас л бүх зүйлс биелэгдэцгээх болно" хэмээн хэлсэн байдаг. Маркын16:17-18-д, "Их Эзэн маань бидэнд, Итгэгчдэд энэ тэмдгүүд дагалдана. Миний нэрээр тэд чөтгөрүүдийг зайлуулж, шинэ хэлээр ярина. Тэд могойг барина. Тэд үхүүлэх ямар ч юм уусан, тэр нь тэдэнд хор болохгүй. Өвчтэй хүн дээр тэд гараа тавивал эдгэнэ гэж айлдлаа." хэмээн хэлсэн байдаг.

Манмин Төв Сүмд илэрхийлэгдсэн Бурханы гайхамшигт хүч чадал

Ахлах Пастороор үйлчилдэг, Манмин Төв Сүмд маань

"Амийг минь аврахад таньби
Туйлын их баярлаж билээ...
Амьдралынхаа үлдсэн хэсэгт би
Таягандаа найдахаас гэж бодож байлаа...
Одоо, би алхаж чадаг боллоо...
Эцэг, Эцэг Тандаа талархая!"
Үүрдийн зэрэмдэг болох байсан

Зэрэгтэн Иоханна Парк,
залбирал хүлээн
аваад алхаж
явдаг болсон

Бүхнийг Бүтээгч Агуу Бурханы маань хүч чадлууд илэрхийлэгдэцгээн дэлхийн маш олон орнуудад түгээгдэн тараагдсаар байна. 1982 оноос хойш бүтээн байгуулагдсан Манмин Төв Сүм маань өнөөдрийн байдлаар Бурханы хүч чадлаар маш олон хүмүүсийг авралын замд нь оруулсаар байгаа билээ. Түүний илт гайхамшигт хүч чадлын илрэлүүд нь өвчин зовлонг анагаан эдгээж байдагт билээ. Хорт хавдар, сүрьеэ, саа өвчин, тархины өвчилөлт, дотуур цус алдалт, үе мөчний өвчилөлт, цусны хорт хавдар гэх мэт өвчилөлтэй хүмүүс нь Бурханы агуу хүч чадлаар эдгэрэлийг олж авцгаасаар байгаа билээ. Чөтгөрийн сүг сүнсийг хөөн зайлуулцгаан, доголон нэгэн нь алхдаг болж гүйн харайн тахир дутуу болгоосон нэгэн нь эдгэрэлийг хүлээн авцгаан алхацгаадаг болсон билээ. Мөнтүүнчлэн, залбирал адислалыг хүлээн авсаны дараа түлэгдэж үгүйрсэн арьс нь нөхжин төлжиж ямар ч шархи соривгүй эдгэрцгээдэг билээ. Тархины хүнд өвчилөлтөөр бие хаа нь хөшсөн байсан хүмүүсийн бие махбодь нь эдгэрэх болон газын утаанд хордсон хүмүүс хүртэл эдгэрэн сэргэцгээж байдаг билээ. Амьсгал нь зогссон байсан хүмүүс хүртэл адислал авралын залбирал үйлдсэний дараа эргэн амьсгалцгаадаг билээ.

Мөнтүүнчлэн, суугаад тав, долоо, арав болон хорин жилийн дараа ч үр хүүхэдтэй болцгоож чадаагүй байсан гэр бүлүүд адислал залбиралыг хүлээн авцгаасаны дараа үр хүүхдүүдтэй болцгоосон байдаг билээ. Бурханы ариун

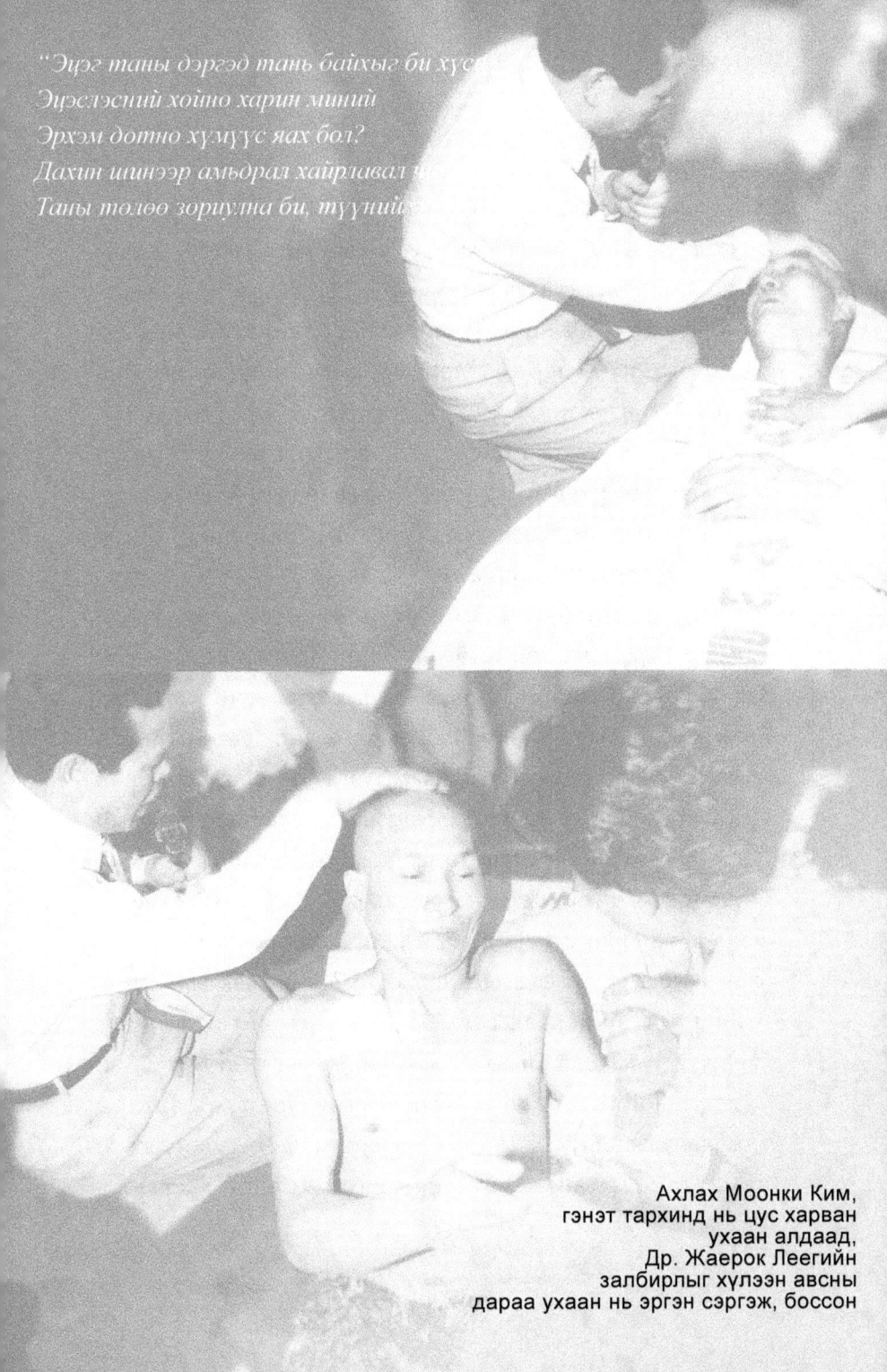

"Эцэг таны дэргэд тань байхыг би хүс...
Эцэслэсний хойно харин миний
Эрхэм дотно хүмүүс яах бол?
Дахин шинээр амьдрал хайрлавал ч...
Таны төлөө зориулна би, тууний...

Ахлах Моонки Ким,
гэнэт тархинд нь цус харван
ухаан алдаад,
Др. Жаерок Леегийн
залбирлыг хүлээн авсны
дараа ухаан нь эргэн сэргэж, боссон

гайхамшигт залбиралыг хийсэний дараа олон жилийн турш сонсож чадахгүй байсан хүмүүс сонсгол орцгоон Бурханы гайхамшигуудыг тунхаглацгаасаар байдаг билээ.

Хэдэн зуун жилийн туршид бий болцгоосон шинжлэх ухаан маш их өндөр төвшинд хүрсэн ч гэсэн, харааг бий болгох болон, үхсэн эд эсийг эргэн сэргээх ямар ч чадалгүй байдаг билээ. Хэдий тийм ч гэсэн, агуу гайхамшигт Бурхан маань юу ч байхгүй зүйлээс бий болгон бүтээж байдаг билээ. Бурханы агуу гайхамшигт хүч чадлыг би өөрийн биеэр мэдрэн хүлээн авсан билээ.

Долоон жилийн өмнө би үхлийн ирмэг дээр хүрсэн байхдаа Бурханд итгэн итгэлийг олсон билээ. Хоёр нүднээс маань бараг бусад бүх эрхтэнгүүд маань өвчин зовлонд баригдсан байсан ба намайг хүмүүс өвчин зовлонгын үүр хэмээн хочилон дууддаг байлаа. Аргаа барахдаа би Өрнө Дорнын эмчилгээнүүдийг хэрэглэдэг байсан ба ургамлын ногоо, баавгай ба нохойн төмсөг, жаран хөлт болон хүний биеэс шүүрсэн гарсан ус зэргүүдийг уун хэрэглэсэн билээ. Долоон жилийн турш би аль байдгаараа оролдсон боловч эдгэрэн илааршиж чадаагүй билээ. 1974 оны хаврын уйтгар гунигт автсан байсан нэгэн өдөр би нэгэн гайхамшигт зүйлстэй тулгарсан билээ. Чухам тэр мөчид л би Бурхантай уулзсан ба Тэрбээр миний өвчин зовлонг эдгээн илааршуулсан билээ. Тэр цаг мөчөөс хойш Бурхан үргэлж намайг хайрлан хамгаалж өвчин зовлонд хэзээ ч нэрвэгдээгүй билээ би. Миний биеийн аль нэгэн газар ч гэхэд чилэн тавьгүйтэхэд л би залбирал үйлдэнгүүт л хэвийн сайхан болдог билээ.

Миний болон миний гэр бүлийнхэнээс гадна, Манмин сүмийн маш олон гишүүд маань агуу их Бурханд чин сэтгэлээсээ итгэцгээн бие махбодийн хувьд эм тан хэрэглэлгүй энх тунх амьдарцгааж байдаг билээ. Бурханы агуу гайхамшигт хүч чадлын тусламжтайгаар маш олон хүмүүс өнөө үед Бурханы чин үнэнч номлогч, декон, зэрэгтэн болон туслахууд нь болцгоосон билээ.

Бурханы хүч чадал нь зөвхөн эдгэрэшгүй өвчин зовлонг анагаагаад ч зогсдоггүй. Манмин сүм маань 1982 анх байгуулагдсанаас хойш Манмин сүмийн гишүүд маань Бурханы хүч чадлаар хүчит борооноос үүлсийн халхлагаар хамгаалагдах болон далайн хар шуургыг хүртэл зүг чигийг нь өөрчилөгдөн өнгөрч байгааг олж харцгаасан билээ. Нэгэн жишээг дурдан хэлэхэд, Долдугаар болон Наймдугаар сард манай сүмийнхэн хээрийн аялалд гарцгааж байдаг билээ. Хэдий Солонгос улс даяар хар шуурга, голын усны аюулд тэр аяараа нэрвэгдсэн байхад хээрийн аялал болж байдаг газрууд маань байгалийн гамшигт нэрвэгдэлгүй өнгөрцгөөж байдаг билээ. Манмин сүмийн гишүүд маань хэдий тэр өдөр бороо ороогүй байхад ч хүртэл солонгыг байнга үзэж харцгааж байдаг байв.

Бурханы хүч чадлыг үзүүлсэн бүр илүү агуу гайхамшигт

зүйлсүүд тохиолддог. Өвчтэй зовлонтой хүмүүсийн төлөө би тэдэнд шууд залбирал хийх үед Түүний агуу хүч илэрч байдаг. "Залбирал" хэмээх нэртэй хуурцагаар хуран цугларсан олон хүмүүст хандан "Өвчтэй хүмүүст зориулан залбирал" хэмээх сургаалт залбиралыг үйлдэхэд маш олон хүмүүс адислал эдгэрэлийг хүлээн авцгаан Бурханы агуу хүч чадалд талархалаа илэрхийлцгээж байдаг билээ.

Мөнтүүнчлэн, Үйлсийн 19:11-12-д, "Бурхан Паулын гараар дамжуулан ер бусын гайхамшгуудыг бүтээж байлаа. Алчуур, бүсийг нь түүнээс авч өвчтэй хүмүүст хүргэхэд өвчин нь эдгэж, муу сүнснүүд зайлж байв." хэмээн хэлсэн байдаг. Үүнтэй адил, миний залбирал үйлдсэн алчуураар Бурханы агуу гайхамшигт хүчүүд илэрхийлэгдсээр байдаг билээ.

Мөнтүүнчлэн, цаг хугацаа орон зайн хамааралгүйгээр би дэлхийн өнцөг булан бүрт байгаа өвчтэй хүмүүсийн фото зурган дээр нь гараа тавин залбирал үйлдэхэд үтэр түргэн хугацаанд эдгэрэл адислалуудыг хүлээн авцгааж байдаг билээ. Тийм ч учраас би дэлхийн олон орнуудад крусайд үйл ажиллагаагаа явуулах үед эдгэрэшгүй өвчин зовлон, халдварт өвчин болон аюултай ДОХ өвчилөлтөөр өвчилсөн хүмүүсийн бие лагшин нь илааршран цаг хугацаа орон зайн хамааралгүйгээр үтэр түргэн эдгэрцгээдэг билээ.

Бурханы Хүч Чадлыг Мэдэрч Хүлээн Авах нь

Тэгвэл Бурханд итгэсэн хүн болгон л Түүний агуу гайхамшигт хүч чадлыг хүлээн авцгаан адислал эдгэрэлүүдийг хүлээн авцгааж чадна гэсэн үг юм уу? Маш олон хүмүүс өөрсдийн итгэлээ Бурханд хандан илэрхийлдэг боловч Түүний хүч чадлыг мэдэрч хүлээн авч чадацгаадаггүй. Эрхэм та Бурханы хүч чадлыг чин үнэн сэтгэлээсээ итгэн Бурхан таныг "Тэр надад чин сэтгэлээсээ итгэдэг" гэдгийг мэдтэл итгэх хэрэгтэй.

Бурхан хэн нэгнийг чин сэтгэлээсээ залбиран итгэлтэйгээр үйлчилэн байх болон сайн үйлст "итгэл" зүтгэлийг үргэлж үнэлж байдаг юм. Хэдий тийм ч гэсэн эрхэм та Бурханы агуу гайхамшигт хүч чадлыг хүлээн авч эдгэрэл адислалыг эдлэхийн тулд эрхэм та Бурханы тухай, Есүс бол бидний Аврагч гэдгийг хүлээн зөвшөөрөн диваажин болон тамын тухай ойлголттой болох хэрэгтэй. Эдгээр ухагдахуунуудыг ойлгож мэдсэний дараа эрхэм та гэм нүглээсээ ангижиран Есүс Христийг өөрсдийн аврагчаа хэмээн зөвшөөрөөд диваажин болон тамыг ойлгоод Ариун Сүнсийг хүлээн аваад Бурханы хүү гэдгийг хүлээн авах хэрэгтэй. Энэ нь итгэлийн анхны алхам юм.

Чин үнэн итгэлтэй хүмүүс л тийм гайхамшигт итгэлийг батлан үзүүлэх боломжтой байх болно. Бурхан тэдгээр хүмүүсийн итгэл зүтгэлийг чин сэтгэлээсээ байгаа эсэхийг харж байдаг. Бурханы итгэл найдварыг хүлээн авцгаасан хүмүүс л Түүний агуу гайхамшигт зүйлсийг хийж гүйцэтгэж байдаг билээ.Бурханд чин сэтгэлээсээ итгэцгээсэн хүмүүс болон Бурханы таалалыг хүлээн авцгаасан хүмүүс л Түүний агуу гайхамшигуудыг хүлээн авцгаадаг.

Итгэлт Зүтгэлээр Бид Бурханы Таалалыг Хүлээн Авдаг

Библиэс ишлэн авсан хэд хэдэн жишээнүүд байна. Хамгийн түрүүнд, Хаадын Дэдийн 5-д, Арам хааны цэргийн удирдагч Нааманы тухай түүх байдаг. Нааман нь Бурханы Бошиглогч Елишагаар дамжуулан хэлсэнд итгэн дагасаныхаа төлөө Бурханы агуу хүч чадлыг хүлээн авсан тухай өгүүлсэн байдаг.

Нааман нь Арам хаант улсын алдарт цэргийн удирдагч хүн байв. Уяман өвчинд нэрвэгдсэнийхээ дараа тэрбээр Бурханы агуу гайхамшигуудыг гүйцэтгэгч Елиша дээр явж очидог. Хэдий алдарт суут цэргийн удирдагч Нааман нь Елишагын гэрт асар их хэмжээний алт эрдэнэстэй хүрэлцэн ирэхэд бошиглогч Нааман түүнд, Иорданы усаар долоон удаа угаа хэмээн хэлдэг (шүлэг 10).

Эхэндээ Нааман бошиглогчоос албан ёсны хүндэтгэл хүлээн аваагүй тул маш их уурлан ундууцдаг. Мөнтүүнчлэн,

Елиша түүний тусын тулд залбирал үйлдэхийн тулд түүнд зөвхөн Иорданы усанд очин угаа гэж хэлдэг. Хэдий тийм ч гэсэн Нааман маш хурдан түүний хэлсэнг даган хэлсэнээр нь хийдэг. Бурханы бошиглогч Елишагын хэлсэн зүйлс нь Нааманы хүсэн хүлээж байсан зүйл болон бодол санаатай нь нийлээгүй ч гэсэн Нааман нь Бурханы бошиглогчийн хэлсэний дагуу даган хийдэг.

Нааман тийнхүү Иордан голын уснаас зургаа дахь удаагаа угааж байхад ямар ч өөрчилөлт явагдахгүй байв. Харин Нааман яг долоо дахь удаагаа усаар угаахад түүний бие нь эргэн сэргэж эрүүл саруул болдог (шүлэг 14).

Сүнслэг ухагдахууныр ус нь Бурханы үгийг төлөөлж байдаг билээ. Нааман нь Иордан голын усанд өөрийгөө дүрэн угааж байгаа нь Бурханы үгийг даган өөрийн гэм нүглээсээ ангижиран цэвэрлэгдэж байгаа гэсэн үг юм. Мөнтүүнчлэн, долоон удаа хэмээн

хэлсэн нь төгс төгөлдөрийг билэгдэж байдаг ба тийнхүү Нааман нь өөрийгөө долоон удаа угаасан нь бүрэн бүтэн уучилалт өршөөлтийг хүлээн авч байгаа гэсэн үг юм.

Үүнтэй адил, Бурханаас тусламж дэмжлэг хариулт хүлээн авахын тулд бид Нааманын хийсэн адил өөрсдийнхөө гэм нүглээсээ ангижиран цэвэршиж ёстой. Та нар хувцсаа биш, харин зүрх сэтгэлээ тастан урагтун". (Иоелын 2:13). Одоо өөрсдийн Бурхан ЭЗЭН уруу эргэгтүн. Учир нь Тэр бол нигүүлсэнгүй, өрөвч, уурлахдаа удаан, хайр энэрлээр бялхам, бузар мууд ч зөөлөн ханддаг билээ.

Хаадын Дээд 3-т Соломон хаан мянган өргөлт барьцыг барин Бурхандаа тахил өргөдөг. Эдгээр өргөлүүдээр Соломон хаан Бурханаас адислал залбиралыг хүлээн авах өөрийн итгэл зүтгэлээ үзүүлсэнээр өөрийн асуусан болон асуугаагүй зүйлсээ хүртэл хүлээн авдаг билээ.

Соломоны тийнхүү мянган өргөлт барьц өргөх нь маш их хэмжээний хүч чармайлт хийж байгааг илэрхийлж байгаа юм. Өргөлт барьц болгонд хаан золиос хийж амьтанг барьж бэлдэж байв. Хичнээн хэмжээний цаг хугацаа, хүч чармайлт, эд хөрөнгө зарцуулагдан мянган удаа өргөл барих болно гэдгийг эрхэм та төсөөлж байна уу? Соломон хааны тийнхүү хүч чармайлт нь түүний амьд Бурханд итгэдэггүй байсан бол энэ байдал бодит байдалт биелэшгүй зүйл байх байсан билээ.

Соломон хааныг тийнхүү хүч чармайлт гаргаж байгаад хааны хүсч байсан оюун ухааныг хайрласан ба бүх хаадын дээд болох өргөмжлөл нэр хүнд болон эд баялагаар адисласан байдаг.

Эцэст нь, Матайгын 15-р бүлэгт Сирийн Фоенициагаас ирсэн хүүхний охин нь чөтгөрийн сүг сүв шингэсэн тухай өгүүлсэн байдаг. Тэр хүүхэн Есүс дээр ирээд Түүнээс чин сэтгэлийнхээ угаасаа Есүсээс аврал адислалыг гуйдаг. Хэдий тийнхүү чин сэтгэлээсээ залбиран гуйсан боловч Есүс, За чиний охин чинь эдгэрсэн билээ хэмээн хэлдэггүй. Харин

Есүс түүнд, "Хүүхдэд өгөх талхыг булаан авч нохойнд өгөх нь сайн зүйл биш" хэмээн хэлдэг (шүлэг 26). Есүс тэр хүүхнийг нохойтой зүйрлэдэг. Хэрэв тэр хүүхэн итгэлгүй хүн байсан бол маш их ичиж мөн уурлан ундууцах байсан билээ. Гэвч тэр хүүхэн итгэлтэй байсан тул Есүсийн өгсөн хариултанд ичиж зовон уурладаггүй хүлээн зөвшөөрдөг. Мөнтүүнчлэн, тэрбээр Есүст улам ихээр залбиран Тиймээ Их Эзэнтэн минь хэмээгээд гэвч нохой эзнийхээ ширээнээс унасан талхны үйрмэгээр бас хооллодог шүү дээ хэмээн хариулдаг. Тэр мөчид л Есүс тэр хүүхний итгэлд маш ихээр талархан түүний чөтгөрийн сүнс шүглэсэн охиныг нь анагаан эдгээдэг.

Үүнтэй адил, бид залбирал адислалыг хүлээн авахын тулд бид итгэлээ чин үнээр үзүүлэх хэрэгтэй байдаг. Мөнтүүнчлэн, Түүнээс хүссэн залбиралтынхаа хариуг хүлээн авах итгэлтэй байх аваас эрхэм та өөрийгөө бие махбодиороо Бурхандаа зориулах хэрэгтэй.

Мэдээж Бурханы агуу гайхамшигт хүч чадал Манмин Төв Сүмд илэрхийлэгдсэн тул би алчууарт залбиралаар фото зурган дээр нь залбирал үйлдэн агуу гайхамшигуудыг үйлддэг билээ. Хэдий тийм ч гэсэн, хэн нэгэн хүний бие махбодь нь сул дорой байгаа болон хол байгаа ч гэсэн тухайн хүн өөрийгөө Бурханы өмнө аваачих хэрэгтэй байдаг. Тухайн хүн Бурханы сургаалыг өөрийн биеэрээ сонсон итгэлийг хүлээн авах хэрэгтэй байдаг. Мөнтүүнчлэн, тухайн хүн нь сэтгэл мэдрэлийн өвчтэй эсвэл чөтгөр шүглэсэн байгаа бол Сирийн

Фоенициас ирсэн хүүхэн шиг тэр хүний гэр бүлийн хэн нэгэн нь Бурханы өмнө очин чин сэтгэлээсээ хайр энэрэл итгэлийг үзүүлэх хэрэгтэй байдаг.

Үүний адил, итгэлийн маш олон баталгаанууд байдаг. Жишээлбэл, итгэлтэй хүмүүсийн нүүр царайнд гэрэл гэгээ баяр баясгалан ундарч байдаг шиг итгэлтэй хүн нь аз жаргал болон талархал нь байнга тэр хүнээс ундран гарч байдаг. Маркын 11:24-д Есүс, "Тийм учир Би та нарт хэлье. Та нар юуны төлөө залбирч, гуйж байна, түүнийгээ авсан гэдэгтээ итгэгтүн. Тэгвэл тэр чинь ёсоор болно." хэмээн дурдан хэлсэн байдаг. Эрхэм та чин үнэнч итгэлтэй бол эрхэм та үргэлж аз жаргалтай сайн сайхан байх болно. Мөнтүүнчлэн, эрхэм та Бурханд итгэдэг аваас үргэлж Түүний үгийг дагаң амьдарцгаах болно. Бурхан амьдралын гэрэл гэгээ тул эрхэм та гэрэл гэгээгээр алхам амьдарцгаах болно.

Бурхан бидний итгэл зүтгэлийг үргэлж ойлгон харж байдаг ба бидний зүрх сэтгэлийг хараад маш их баярлаж байдаг. Бурханы таалалыг хүлээн авах итгэл зүтгэлийг эрхэм та өөртөө агуулж чаддаг уу?

Евреигийн 11:6-д, "Итгэлгүйгээр таалагдана гэдэг боломжгүй юм. Учир нь Бурхан уруу ирж буй хүн Тэр байдаг гэдэгт болон Өөрийг нь хайгч хүмүүст Тэр Шагнагч нь болдог гэдэгт итгэх ёстой." хэмээн дурдсан байдаг.

Бурханы итгэлийг хэрхэн хүлээн авах болон Бурханы таалалыг хэрхэн олох зэргийг мэдсэний дагуу Түүний хүч чадал гайхамшигыг хүлээн авахын тулд эрхэм та Бурханы таалалыг хүлээн авч аз жаргалтай сайхан амьдралаар амьдраасай хэмээн Их Эзэний нэр дээр залбиран гуйж байна!

Сайн Мэдээ 2

Их Эзэнд Итгэх нь

Евреи 12:1-2

Тиймээс бид өөрсдийг
минь хүрээлэн буй
гэрчлэлийн үлэмж агуу үүлтэй тул аливаа
саад тотгор ба биднийг тун амархан урхиддаг
нүглийг хажуу тийш нь тавьж, өмнө тавигдсан
уралдаанд тэвчээртэйгээр гүйцгээе.
Итгэлийг Эхлүүлэгч бөгөөд бүрэн дүүрэн
Төгсгөгч болох Есүс уруу хараагаа чиглүүлье.
Тэр Өөрийнх нь өмнө тавигдсан баяр
баясгалангийн төлөө
гутамшгийг эс тоомсорлон, загалмайг тэвчсэн бөгөөд
Бурханы сэнтийн баруун гарт заларсан юм

Маш олон хүмүүс "Есүс Христ" гэдэг нэрийг сонссон байдаг. Хэдий тийм ч гэсэн маш их хүмүүс Есүсийг хүн төрөлхтөний цорын ганц Аврагч гэдгийг эсвэл бид зөвхөн Есүст итгэсэнийхээ хүчээр л авралыг хүлээн авах болно гэдгийг мэддэггүй. Бүр харамсалтай нь Христийн зарим дагалдагч нар хүртэл хэдий өөрдсөө авралын тухай сонсож байсан боловч эдгээр асуултуудад бүрэн гүйцэт хариулт өгч чаддаггүй. Энэ нь юу гэсэн үг вэ гэвэл тэдгээр Христийн дагалдагч нар маань тэдгээр асуултуудын гүн утгыг үл ойлгон Христийн шашины утга учрыг нарийн мэддэггүй дагацгааж байдагын илрэл юм.

Тиймээс, бид Есүс маань яагаад бидний цорын ганц аврагч гэдгийг ойлгон мэдэж аваад Түүнд хэрхэн итгэх зэргийг хийж гүйцэтгэсэний дараагаас л бид Бурханы хүч чадал гайхамшигыг гүйцэтгэх хүч чадал итгэлийг олж авч чадах билээ.

Зарим хүмүүс Есүсийг дөрвөн ариун гэгээнтэн хүмүүсийн нэг хэмээн үзэцгээдэг. Зарим хүмүүс түүнийг Христийн шашинг үндэслэсэн хүн хэмээн үзэцгээдэг ба Түүнийг амьдралынхаа турш олон сайн гайхамшигт буянт зүйлс хийсэн хүн хэмээн үзэцгээдэг.

Хэдий тийм ч гэсэн, Бурханы хүүхдүүд болцгоосон хүмүүс нь Есүсийг хүн төрөлхтөний гэм нүглээс авран хамгаалсан агуу гайхамшигт Аврагчаа хэмээн хүлээн зөвшөөрдөг. Тийм агуу гайхамшигт зүйлсийг бүтээн бий болгосон Бурханы Хүүг бид хэрхэн дутуу үнэлэн хүнтэй зүйрлэнэм бэ? Есүсийг дэлхий ертөнцөд байхад хүртэл Түүнийг маш олон талаар бодож дүгнэцгээж байсан хүмүүсийн тухай хүртэл олж мэдэцгээдэг билээ.

Бүхнийг Бүтээгч, Бидний Аврагч Бурханы Хүү

Матайгын 16-д, "Есүс дагалдагч нараасаа Хүний Хүүг хэн гэж хүмүүс ярьцгаадаг бэ" хэмээн асуудаг (шүлэг 13). Хүмүүсийн хэлсэн ярьсанг дурдаад түүний дагалдагч нар нь, "Таныг Усан Баталгаа Хийдэг Иохан, зарим хүмүүс Елижай болон зарим хүмүүс Иериамия болон өөр бусад нэгэн бошиглогч" хэмээн боддог гэж хариулдаг (шүлэг 14). Есүс дагалдагч нараасаа, "Харин та нар Намайг хэн гэж хэлэх вэ?" гэсэнд (шүлэг 15) Симон Петр, "Та бол Христ, амьд Бурханы Хүү мөн" гэв. (шүлэг 16) Есүс түүнд хариуд нь "Бариона Симон оо, чи ерөөлтэй еэ! Учир нь үүнийг чамд мах цус нь биш, харин тэнгэр дэх Миний Эцэг илчилсэн юм" (шүлэг 17). Бурханы агуу гайхамшигуудыг бий болгосон Есүсд Петр Түүнийг хүн төрөлхтөнийг авран хамгаалан гэм нүглээс нь гэтэлгэн гаргасан Агуу Хүч Чадалт Бурханы хүү гэдэгт чин сэтгэлээсээ итгэж байв.

Эхэнд, Бурхан өөрийн дүр төрхөөрөө хүн төрөлхтөнийг бий болгон Едений Цэцэрлэгт амьдаруулсан билээ. Тус цэцэрлэгч Бурхан амьдралын амин мод болон сайн мууг таниулагч модыг байрлуулсан ба анхны хүн болох Адамд Бурхан тэрхүү модноос идэж болохгүй хэмээн тушаадаг. Тэгээд ЭЗЭН Бурхан тэр хүнд тушаан ийнхүү өгүүлэв. "Чи энэ цэцэрлэгийн аль ч модны жимсийг дураараа идэж болно. Харин чи сайн мууг мэдүүлэгч модны жимснээс огт идэж болохгүй. Чи түүнээс идсэн тэр өдөртөө л зайлшгүй үхнэ!" хэмээн айлдав (Эхлэл 2:16-17).

Цаг хугацаа улиран өнгөрөхөд анхны эрэгтэй эмэгтэй хүмүүс болох Адам Ева нь Сатаны хорт бодлого болгон явуулсан хорт могойн уруу таталтанд өртөн орж Бурханы тушаалыг умартан зөрчдөг билээ. Эцэст нь тэд нар сайн мууг таниулагч модноос хүртэн Единийн цэцэрлэгээс хөөгдөн гардаг билээ. Тэдний итгэл зүтгэлээс болоод Адам Ева хоёрын хийсэн гэм нүглээс болоод түүний үр удам нь хараагдан гэм нүглийг өвлөн авцгаадаг. Мөнтүүнчлэн, Бурхан Адамд тэрхүү жимснээс идсэнээс баттай үхэлд хүрэх ба түүний үр удам нь мөнхийн устгалд орно хэмээн анхааруулан хэлсэн байдаг.

Тиймээс, цаг хугацааны эхэн үеэс эхлэн Бурхан бидэнд авралын төлөвлөгөө болох Есүс Христийг бэлдсэн билээ. Үйлсийн 4:12-д, "Өөр хэний ч дотор аврал үгүй. Учир нь бид аврагдаж болох өөр нэр тэнгэрийн доор хүмүүст өгөгдсөнгүй гэв." хэмээн хэлсэн байдаг ба Есүс Христээс өөр хэн ч энэ дэлхийд хүн төрөлхтөний аврагч болж чадахгүй байсан юм.

Бурханы Агуу Гайхамшигт Хүсэл Зорилго нь Цаг Хугацааны Эхлэлээс Өмнө Нуугдсан Байсан юм

1 Коринтын 2:6-7-д, "Бид төлөвшсөн хүмүүсийн дунд мэргэн ухааныг ярьдаг. Ингэхдээ энэ үеийн мэргэн ухааныг бус, өнгөрөн одож буй энэ үеийн удирдагчдын мэргэн ухааныг ч бус, харин нууц дотор буй Бурханы мэргэн ухааныг бид ярьдаг. Энэ нь бидний алдрын төлөө үеүдээс ч өмнө Бурханы урьдаас тогтоосон нуугдмал мэргэн ухаан мөн. Үүнийг энэ үеийн удирдагчдаас хэн нь ч мэдсэнгүй." хэмээн хэлсэн байдаг. 1 Коринтын 2:8-9-т, "Хэрэв тэд үүнийг мэдсэн байсан бол алдрын Эзэнийг цовдлохгүй байх байсан. Гэвч "Нүдэнд үзэгдээгүй, чихэнд сонсогдоогүй, Хүний санаанд ороогүй юмсыг Бурхан Өөрийг нь хайрладаг хүмүүст бэлджээ" хэмээн дурдан байдаг. Хүн төрөлхтөний гэм нүглээс авран гэтэлгэн аврах авралын төлөвлөгөөг Бурхан Есүс Христээр дамжуулан хийхийг Бурхан цаг хугацааны эхнээс бэлтгэн бий болгосон билээ.

Бүхнийг Бүтээгч Бурхан маань дэлхий ертөнцийн хүн төрөлхтөний түүхийг удирдан захирч байдаг билээ. Хаан эсвэл улсын ерөнхийлөгч нь улс орны аюулгүй байдал болон бүх зүйлийг хууль ёс дүрмийн дагуу удирдан захирч байдаг; байгууллагын гүйцэтгэгч захирал нь тус байгууллагынхаа үйл ажиллагаа болон гадаад дотоод асуудлыг захирч байдаг ба гэрийн эзэн гэр бүлээ удирдан захирч байдаг билээ. Үүнтэй адил, Бурхан энэ дэлхийн бүх зүйлсийг удирдан захирдаг эзэн тул Тэрбээр Библид дурдсан шиг сүнслэг ертөнцийн хууль дүрмийн дагуу захирч байдаг билээ.

Сүнслэг ертөнцийн хуулийн дагуу дүрэм журам байдаг ба тэр нь "Нүглийн төлөөс нь үхэл юм хэмээн хэлсэн байдаг (Ромын 6:23) ба гэм нүглийн шийтгэлийг дурдаж байгаагын дагуу бидний гэм нүглээс

аврах хууль бас байдаг билээ. Тийм ч учраас Бурхан бидний гэм нүглээс авран туслахын тулд Адамын дуулгаваргүй байснаас болж өстөн дайсанд алдсан эрх мэдлийг эргэн авахын тулд тэрхүү сүнслэг ертөнцийн хууль заалтыг урьдчилан бэлтгээн байсан билээ.

Хүн төрөлхтөний анхны хүн болон Адамын дуулгаваргүй байдлаас болж өстөн дайсан болох чөтгөрд алдсан эрх мэдлийг эргэн авахын тулд хийгдсэн хууль дүрэм нь юу юм бэ? Газар дэлхийн гэтгэлгээний хуулийн дагуу Бурхан хүн төрөлхтөний авралын төлөвлөгөөг цаг хугацаа эхлэхээс өмнө бэлтгэн бий болгосон билээ.

Газар Дэлхийн Гэтгэлгээний Хуулийн Дагуу Есүс Христ Шалгарагдсан юм

Бурхан Израйлчуудад "газар дэлхийн гэтгэлгээний хуулийг зарлиг болгон, Газар бол Минийх учир бүрмөсөн зарагдах ёсгүй" хэмээн хэлсэн байдаг.. Учир нь та нар бол Миний түр суугч, харийнхан болой. Та нарын эзэмших газар бүрийн хувьд, та нар газрын золилтыг олгох ёстой. Хэрэв ах дүү чинь ядуурснаас болж, эзэмшил газрынхаа хэсгийг зарах аваас түүний хамгийн ойрын хамаатан нь ирж, ах дүүгийнхээ зарсныг нь золих учиртай. Эсвэл тэр хүнд ойрын хамаатан байхгүй тохиолдолд хэрэв газрын золилтонд хүрэлцэхүйц өөрийн хөрөнгийг дахин олж авах аваас, тэр нь газрыг зарагдснаас хойших жилүүдийг тооцоолж, мөнөөх зарсан хүндээ тэнцвэрийг буцаан төлөх болой. Тийнхүү өөрийн эзэмшил газартаа буцаж ирнэ хэмээн хэлсэн байдаг (Левит 25:23-28).

Бурхан Адамыг дуулгаваргүй байдлаасаа болж Түүний өгсөн агуу гайхамшигт хүч чадлыг муу ёрын сүнсний уруу таталтаар чөтгөрт алдана гэдгийг анхнаасаа мэдэж байв. Мөнтүүнчлэн, дэлхий ертөнцийн Эзэн байсан Тэрбээр Адамыг дуулгаваргүй байсанаас болж муу ёрын чөтгөрт сүнслэг ертөнцийн хуулийн дагуу өөрийн эрх мэдлийг өгдөг. Тийм ч учраас муу ёрын сүнс Есүсийг Лукын 4-р бүлэгт дэлхий ертөнцийн хаанчилалуудыг үзүүлэн Есүст, "Тэгээд диавол Түүнд Энэ бүх эзэмшил болон тэдгээрийн сүр хүчийг би Чамд өгье. Учир нь энэ бүгд надад өгөгдсөн юм. Би үүнийг хүссэн хүндээ өгч чадна. Тиймээс хэрэв Чи надад мөргөвөл, энэ бүгд Чинийх болно" хэмээн хэлсэн байдаг (Лук 4:6-7).

Газар дэлхийн гэтгэлгээний хуулийн дагуу бүх газар нутаг Бурханы мэдэлд байдаг. Тиймээс хүн төрөлхтөн газар нутаг дэвсгэрийг бүр мөсөн зарж үрэгдүүлэх боломжгүй байдаг ба зохист хүн л эргүүлэн худалдан эзэмшилийг сэргээн бий болгох боломжтой байдаг. Үүнтэй адил, дэлхий ертөнцийн бүх зүйлс Бурханд харьяалагддаг тул Адам бүр мөсөн газар дэлхийг чөтгөрт зарж алдаагүй ба чөтгөр ч түүнийг бүр мөсөн эзэмшиж чадахгүй билээ. Тиймээс, Адамын алдсан эрх мэдлийг эргүүлэн авах зохист хүн гарч ирсэн тохиолдолд муу ёрын чөтгөр сонголтгүйгээр өөрийн хүлээн авсан эрх мэдлийг эргүүлэн өгөх болно.

Цаг хугацааны эхэн үеэс эхлэн Бурхан газар дэлхийн гэтгэлгээний хуулийн дагуу цэвэр ариун гэм нүгэлгүй хүн болох Есүс Христийг хүн төрөлхтөний авралын төлөвлөгөөнд илгээсэн билээ.

Тэгвэл газар дэлхийн гэтгэлгээний хуулийн дагуу Есүс Христ хэрхэн чөтгөрт алдсан хүч чадал эрх мэдлийг эргэн авах вэ? Дараах дөрвөн шалгарагдсан шалгууруудыг Есүс өөртөө агуулж чадсаны үндсэн дээр л Тэрбээр хүн төрөлхтөнийг гэм нүглээс нь гэтэлгэн гаргаж чөтгөрт алдсан эрх мэдлийг эргүүлэн авчирч чадах билээ.

Нэгт, гэтэлгэгч маань хүмүүн ба Адамын хамгийн ойр зохист хүн байх ёстой билээ.

Левитын 25:25-д, "Хэрэв ах дүү чинь ядуурснаас болж, эзэмшил газрынхаа хэсгийг зарах аваас түүний хамгийн ойрын хамаатан нь ирж, ах дүүгийнхээ зарсныг нь золих учиртай." хэмээн дурдан бичсэн байдаг. Хамгийн ойрын гэтэлгэгч хүн байж л газар дэлхийг гэтэлгэн гаргаж байж л Адамын чөтгөрт алдсан эрх мэдлийг эргүүлэн авах боломжтой ба тэр хүн нь хүмүүн байх ёстой билээ. 1 Коринтын 15:21-22-д, "Учир нь үхэл нь нэг хүнээр ирсэн тул үхэгсдийн амилалт нь мөн нэг хүнээр иржээ. Адам дотор бүгд үхдэгчлэн Христ дотор бүгд амьдруулагдах болно." хэмээн дурдсан байдаг. Өөрөөр хэлбэл,

нэг хүний дуулгааргүй байдлаас болж үхэл ирсэн боловч нэг хүний гавъяагаар үхмэл сүнсийг амилуулах билээ.

Есүс Христ, "Эхэндээ үг байсан ба махан бие бодийг олон энэ дэлхийд ирсэн" (Иохан 1:14). Тэрбээр Бурханы Хүү ба энэ дэлхийд бие махбодьт хүмүүн ба ариун гэгээнт гаралаар бий болсон билээ. Мөнтүүнчлэн, Түүний төрсөн байдлыг гэрчилэн батласан маш олон түүхэн баримтууд байдаг. Хамгийн ойрын жишээг дурдан хэлэхэд МЭӨ "B.C." эсвэл "Before Christ" ба МЭ "A.D." эсвэл "Anno Domini" хэмээн Латинаар хэлж байгаа ба энэ нь Их Эзэний захиран он хэмээсэн утгатай билээ.

Нэгэнт Есүс энэ дэлхийд ирсэн тул Адамын "хамгийн ойрын зохист хүн" байсан тул анхны шалгуурыг агуулж чадаж байсан юм.

Хоёрт, гэтэлгэгч маань Адамын үр удмын хүн биш байх хэрэгтэй.

Хүн төрөлхтөнийг гэм нүглээс нь аврах хүн маань өөрөө гэм нүгэлгүй ариун хүн байх хэрэгтэй. Адамын дуулгаваргүй байсанаас болоод түүний үр удам нь бүгд гэм нүгэлт хүмүүс болцгоосон юм. Тиймээс, газар дэлхийн гэтгэлгээний хуулийн дагуу гэтэлгэгч маань Адамын удмын хүн биш байх ёстой.

Илчлэлтийн 5:1-3-д,

Сэнтийд Залрагчийн баруун мутарт дотор нь болоод ар дээр нь бичсэн, долоон тамга дарж лацадсан хуйлмал ном байхыг би үзэв. Мөн Хэн хуйлмал номыг нээж, лацнуудыг нь эвдвэл зохистой вэ? хэмээн чанга дуугаар тунхаглаж буй хүчит тэнгэр элчийг би харав.

Тэнгэрт ч, газарт ч, газрын доор ч хэн ч тэрхүү хуйлмал номыг нээж, доторхыг нь үзэж чадсангүй." хэмээн дурдсан байдаг.

Энд "долоон тамга" дарж тунхагласан ном гэдэг нь Адамын дуулгаваргүй байдлаас болж алдсан эрх мэдлийн дараа Бурхан болон муу ёрын чөтгөрийн хооронд хийгдсэн гэрээ зөвшилцөө ба газар дэлхийн гэтгэлгээний хуулийн дагуу зохист хүмүүн л түүнийг нээн онгойлгож чадах тухай дурдан хэлсэн байдаг. Дагалдагч Иохан тэрхүү номыг онгойлгох зохист хүмүүнийг хайн эргэн тойрон харсан боловч хэнийг ч олсонгүй.

Иохан диваажин руу харсан боловч тэнд тэнгэрийн сахиусан элч нар л байсан ба хүмүүн байсангүй. Газар дэлхийг харахад дэлхий дээр зөвхөн Адамын удмын хүмүүс л байж байсан ба бүгд гэм нүгэлтэнүүд байв. Газар дэлхийн доорх ертөнцөд хайхад тэр зөвхөн там руу илгээгдэцгээх гэм нүгэлт хүмүүсийг л олж харав. Тийнхүү газар дэлхийн гэтгэлгээний хуулийн дагуу хүн төрөлхтөнийг авран гэм нүглээс нь гэтэлгэх хүн дагалдагч Иохан олоогүй тул уйлан хайлав (шүлэг 4).

Тэгтэл ахмадуудын нэгэн нь Иоханыг тайтгаруулан түүнд, "Уйлахаа боль, долоон тамгыг лацлан хаасан номыг нээх Иудай овгийн, Давидын удамт Арслан мэт эрэмгий хүн гарна" хэмээн хэлсэн байдаг (шүлэг 5). Үүнд, "Иудай овгийн болон Давидын удамт Арслан мэт хүн" гэдэг нь Есүсийг хэлж байгаа ба Тэрбээр Иудай овгийн Давидын гэрээс гаралтай билээ. Тийнхүү Есүс нь газар дэлхийн гэтгэлгээний хуулийн дагуух гэтгэлгэчийн шалгуураар шалгаран гарсан билээ.

Матай 1:18-21-д, Есүс Христ ингэж мэндэлжээ.

Есүсийн эх Мариа Иосефтой сүй тавиад, дэр нийлэхээсээ өмнө хэвлийдээ Ариун Сүнсээр хүүхэдтэй болсон байлаа. Нөхөр нь болох Иосеф зөвт хүн байсан бөгөөд Мариаг гутамшиг болгохыг үл хүссэн тул түүнээс нууцаар салах бодолтой байжээ. Харин түүнийг тийн бодож байх үед Эзэний тэнгэр элч зүүдэнд нь үзэгдэж, -Давидын хүү Иосеф оо, Мариаг эхнэрээ болгохоос бүү эмээгтүн. Учир нь түүнд олдоод байгаа нь Ариун Сүнсний юм. Түүнийг Хүү төрүүлэхэд, чи Түүнийг Есүсгэж нэрлэ. Учир нь Тэр Өөрийн ард түмнийгнүглээс нь аварна" гэж хэлэв.

Бурханы Хүү Есүс Христ нь энэ дэлхийд мэндлэхдээ махан биебодийг авахын тулд Онгон Мариагын биеэр төрсөн (Иохан 1:14) ба газар дэлхийн гэтгэлгээний хуулиар Тэрбээр Адамын удмын хүн байж болохгүй тул тийнхүү төрсөн билээ.

Гуравт, гэтэлгэгч маань хүч чадалтай байх хэрэгтэй.

Нэгэн баян хүний дүү нь ядуу байгаад өөрийн газар нутгаа зарсан тохиолдолд түүний бэл бэнчинтэй ах нь түүний газар дэлхийг эргүүлэн авах боломжтой байдаг. Тэгвэл, ах нь мэдээж түүний газрыг гэтэлгэн авахын тулд тодорхой хэмжээний хүсэл эрмэлзлэлтэй байх хэрэгтэй (Левит 25:26). Яг үүн шиг, дүү нь маш их хэмжээний өртэй байхад түүний ах нь түүнийг авран өрнөөс нь гэтэлгэхийн тулд өрийг нь зөвхөн төлөх биш тэр ч байтугай тодорхой хэмжээний хүсэлтэй байх хэрэгтэй.

Нүгэлт хүнийг ариун гэгээн хүн болгохын тулд тодорхой хэмжээний хүч чадал хэрэгтэй байдаг. Энд, газар дэлхийг гэтэлгэн гаргахын тулд аврагч маань бүх хүн төрөлхтөнийг гэм нүглээс нь аврах хүч чадалтай байх хэрэгтэй. Өөрөөр хэлбэл, хүн төрөлхтөнийг авран гэм нүглээс нь гэтэлгэгч маань өөртөө ямар ч гэм нүгэлгүй байх хэрэгтэй.

Есүс Христ нь Адамын удмаас гаралтай биш ба Түүнд ямар ч анхдагч нүгэл байхгүй байдаг билээ. Энэ дэлхий дээр Тэрбээр 33 жилийн турш амьдарч байхдаа өөрийн зүгээс үйлдсэн ямар ч гэм нүгэл байхгүй байдаг билээ. Түүнийг төрсөний найм дахь хоног дээр нь түүний хөвчийг нь хөндсөн ба Бурханы сургаал номлолыг заан тунхаглалтлаа эцэг эхдээ чин үнэнч шударгаар үйлчилсэн билээ.

Евреигийн 7:26-д, "Учир нь бидэнд ариун, гэмгүй, бузартаагүй агаад нүгэлтнүүдээс тусгаарлагдсан, тэнгэрээс өндөрт өргөмжлөгдсөн тийм Тэргүүн Тахилч байх нь зохистой байв." хэмээн хэлсэн байдаг. 1 Петрийн 2:22-23-д, "Тэр нүгэл үйлдээгүй, Түүний аманд ямар ч заль мэх олдоогүй. Тэр зүхэгдэж байхдаа, хариуд нь зүхээгүй. Тэр зовон тарчилж байхдаа заналхийлээгүй, харин шударгаар шүүдэг Нэгэнд Өөрийгөө даатгасаар байлаа." хэмээн дурдсан байдаг.

Дөрөвт, гэтэлгэгчид маань хайр байх ёстой.

Дээр дурдсан гурван шалгуураас гадна хүн төрөлхтөнийг гэм нүглээс нь гэтэлгэн аврахын тулд аврагч гэтэлгэгчид маань хайр байх ёстой. Хайргүйгээр, дүүгийнхээ алдсан газар нутгийг хэдий ах нь бэл бэнчинтэй байсан ч гэсэн хайргүй бол түүнийг эргүүлэн авч чадахгүй билээ. Хэдий ах нь асар баян хүн байсан ч гэсэн дүүгийнхээ маш бага хэмжээний өр төлөөсийг төлөх чадвартай байсан ч гэсэн хайр энэрэл байхгүй бол тэр нь ямар ч тус нэмэр болохгүй байх билээ. Хэрэв тийм байх аваас ахын хүч нэмэр болон баян тарган байх нь дүүд нь хирхэн хамаатай байх вэ?

Рутын 4-р бүлэгт, Рутын хадам ээж болох Наоми болон Боазын тухай нэгэн зүйрлэлт шүлэг байдаг. Боаз Наомийн дараах 'зохист хүнээс' түүний эд хөрөнгийг гэтэлгэх талаар асуухад тэрбээр, Хамгийн ойрын хамаатан, Би өөртөө өвийг нь золин авч чадахгүй. Эс бөгөөс би өөрийнхөө өвийг сүйрүүлнэ. Чи өөртөө үүнийг зольж ав.

"Чи миний золин авах эрхийг авч болно. Учир нь би үүнийг золин авч чадахгүй гэв." хэмээн хэлсэн байдаг (шүлэг

6). Тэгвэл Боаз хайр энэрэлийнхээ үүднээс Наомийн газар нутгийг гэтэлгэн авдаг. Дараа нь Боаз Давидын агуу өвөг дээдэс болон адислагддаг билээ.

Газар дэлхий дээр мэндлэн ирсэн Есүс нь Ариун Сүнсээр бий болгогдон ирсэн тул Адамын удмын хүн биш байсан ба ямар ч гэм нүгэл үйлдээгүй билээ. Тиймээс, Түүнд биднийг аврах тодорхой учир шалтгаантай байсан билээ. Хэрэв Есүс бидэнд хайргүй байсан бол Тэрбээр загалмайнд цовдлогдон өвдөлт зовлонг туулан бидний төлөө амиа өгөхгүй байх байсан билээ. Хэдий тийм ч гэсэн, Есүс биднийг маш их хайрлаж байдаг байсан тул Тэрбээр бидний тусын тулд загалмайнд цовдлогдон ариун цусаа асгаруулан хүн төрөлхтөний гэм нүглээс нь авран авралын замд нь хөтлөн оруулсан билээ. Энэ нь Бурхан болон бидний хайртай Их Эзэний хайр энэрэлийг үзүүлж байгаа ба Есүс өөрийгөө золиослон Бурхан Эцэгийн тушаалыг амиа тавин дагаж байсан юм.

Есүсийн Модон дээр Цовдлуулсаны Учир

Есүс яагаад модон загалмайн дээр цовдлуулагдсан юм бэ? Энэ нь сүнслэг ертөнцийн хуулийн дагуу бичигдсэний биелэл байсан ба Христ бидний төлөө хараал болсноороо биднийг Хуулийн хараалаас зольсон юм. Учир нь "Модон дээр өлгөгдөгч хүн бүр хараагдсан юм" гэж бичигдсэн байдаг." хэмээн дурдан бичсэн байдаг (Галат 3:13). Тийм ч учраас Есүс хараагдан зүхэгдсэн хүн бүрийг гэм нүглээс нь гэтэлгэн гаргахын тулд модон дээр цовлдогдсон юм.

Левит 17:11-д, "Учир нь махан биеийн амь нь цусанд байдаг бөгөөд түүнийг Би та нарт өөрсдийн чинь амийн төлөө эвлэрүүллийг тахилын ширээн дээр хийхээр өгсөн юм. Учир нь цус бол амийн төлөө эвлэрүүллийг хийдэг юм". хэмээн дурдсан байдаг. Еврей 9:22-д, "Хуулийн дагуу бараг бүх юм цусаар цэвэршүүлэгддэг бөгөөд цус урсгахгүйгээр ямар ч уучлал байхгүй ажээ." хэмээн хэлсэн байдаг.

"Цус" хэмээн дурдагдаж байгаа нь "цусгүйгээр уучилалт ирэхгүй юм" хэмээн хэлсэн байдаг. Тиймээс Есүс өөрийн гэмгүй ариун цусаа урсган амиа золиослсоноор бид амьдралыг хүлээн авах боломжтой болсон билээ.

Мөнтүүнчлэн, Түүний загалмайнд цовдлогдсоноос болж өвчин зовлонд нэрвэгдсэн хүн хүмүүс эдгэрэл адислалуудыг хүлээн аваcгаасан билээ. Есүс газар дэлхий дээр амьдарцгааж байхдаа бидний зовлон зүдгүүр болон ядуу буурай байдлыг ойлгон аварч байсан билээ. Есүс ташуураар ташуурдуулж байсанаас болж бид өвчин зовлонгоос ангижирцгаасан билээ. Есүст өргөст титэм өмсгөж байснаас болж бидний оюун ухаандаа үйлддэг байсан гэм нүглээс ангижирцгаасан билээ. Есүсийн гар хөл нь загалмайн дээр хадаасаар цовдлогдож байсан нь бидний хөл гараараа үйлдэцгээж байсан гэм нүглүүдээс авран ангижируулсан юм.

Их Эзэндээ Бид Үнэнд Итгэн Ортол Итгэцгээх Хэрэгтэй

Загалмайн сайн мэдээг ойлгон мэдэцгээж байдаг хүмүүс өөрсдийнхөө чин сэтгэлийн улмаас Бурханыг ойлгон Түүнийг үгийг үг дуугүй дагацгааж байдаг. Есүс Иоханы 14:23-д, "Хэрэв хэн нэг нь Намайг хайрлавал, тэр хүн Миний үгийг сахина. Миний Эцэг түүнийг хайрлана. Бид тэр хүн уруу очиж, түүнтэй хамт Өөрсдийн орон байраа байгуулна." хэмээн хэлсэн байдаг ба тийм хүмүүс л Бурханы хайр энэрэл адислалуудыг л хүлээн авах болно.

Тэгвэл, Их Эзэнд өөрсдийнхөө итгэлийг илчилэн залбирцгаадаг хүмүүс яагаад тэдний залбирсан залбиралын хариуг хүлээн авалгүй хүнд хэцүү зүйлстэй тулгарцгааж байдаг юм бэ? Хэдий тэдэнд итгэл байгаа хэмээн тэд өөрсдөө хэлцгээж байгаа ч гэсэн Бурхан тэдний итгэлийг итгэлд хүлээн авч үздэггүй юм. Хэдий Бурханы үгийг хүлээн авцгааж байсан ч гэсэн тэд өөрсдийн гэм нүглээсээ ангижирцгаагаагүй байдаг хүмүүс юм.

Жишээлбэл, Бурханы Арван Тушаалуудыг дагаж мөрдөцгөөж байдаггүй маш олон хүмүүс байцгааж байдаг.

Маш олон хүмүүс ариун өдрийг ариунаар нь хадгал гэсэн хуулийг мэдэцгээж байдаг. Хэдий тийм ч гэсэн өглөө нь ариун ёслолын үйл ажиллагаанд оролцоод л өдөр нь өөрсдийн хийдэг зүйлсээ хийн ариун өдрийг ариунаар нь хадгалцгаадаггүй. Аравны нэгээ төлөх ёстой гэдгийг мэдэцгээж байдаг боловч мөнгөн дээрээ татганан аравны нэгээ бүрнээр нь төлдөггүй. Бурхан бидэнд хэлэхдээ, аравны нэгээ төлөхгүй байх нь Бурханаа дээрэмдэж байгаа гэсэн үг ба тэр хүн хэрхэн залбиралынхаа хариуг хүлээн авах билээ хэмээн хэлсэн байдаг (Малахи 3:8)?

Зарим хүмүүс хэн нэгний хийсэн гэм нүглийг уучилдаггүй байдаг. Тэдгээр хүмүүс маш их хорсон уурлацгаан тэднийг өөрсдөө хэрхэн зовж зүдэрч байсан шигээ хохироон шаналахыг хүсэцгээж байдаг. Зарим хүмүүс амлалт тангарагаа өргөж байдаг ч гэсэн тэрийгээ дагалгүй дахин дахин үйлдсээр байдаг ба хүмүүс тийм хүмүүсийг дэлхийн чиг хандлагын дагуу бие биенээ муулцгааж байдаг.

Тийм хүмүүс хэрхэн чин үнэн итгэлтэй хэмээн өөрсдийгөө хэлцгээж чадах вэ? Хэрэв бидэнд чин үнэн итгэл байх аваас бид гэмт амьдралаа орхин гэм нүгэл үйлдэхгүй Бурханы хүслийн дагуу маш олон зүйлийг хийхийн төлөө явцгаах хэрэгтэй. Тийм хүмүүс маань хэдий тэднийг үзэн ядацгаах болон хорлож байдаг хүмүүсийг хүртэл уучилан өршөөж бусдын тусын төлөө явцгааж байх хүсэл эрмэлзлэлтэй болцгоодог.

Эрхэм та өөрийн түргэн огцом уур авираа орхин төлөв дуруу болцгоосоноор эрхэм та хайр энэрэлээр бялхан найрсаг дотно зан авиртай болдог. Урьд нь маш их зүйлд гомдлон хараал ерөөл хэлцгээж байдаг байсан бол эрхэм та тайван дөлгөөн байснаар маш олон зүйлийг хийж бүтээдэг болдог.

Хэрэв та үнэхээр Их Эзэнд итгэдэг бол эрхэм та өөрийгөө Түүнтэй адилтган өөрийн амьдралаа өөрчилөх хэрэгтэй. Ингэснээрээ бид Бурханы ариун хайр энэрэл адислалуудыг хүлээн авах болно.

Еврейгийн 12:1-2-д,

Тиймээс бид өөрсдийг минь хүрээлэн буй гэрчлэлийн үлэмж агуу үүлтэй тул аливаа саад тотгор ба биднийг тун амархан урхиддаг нүглийг хажуу тийш нь тавьж, өмнөө тавигдсан уралдаанд тэвчээртэйгээр гүйцгээе. Итгэлийг Эхлүүлэгч бөгөөд бүрэн дүүрэн Төгсгөгч болох Есүс уруу хараагаа чиглүүлье. Тэр Өөрийнх нь өмнө тавигдсан баяр баясгалангийн төлөө гутамшгийг эс тоомсорлон, загалмайг тэвчсэн бөгөөд Бурханы сэнтийн баруун гарт заларсан юм. хэмээн дурдан хэлсэн байдаг.

Библи дээр дурдагдсан итгэлийн өвөг дээдсээс гадна,

бидний эргэн тойронд байдаг маш олон хүмүүс аврал адислалуудыг хүлээн авцгаан Их Эзэнд итгэлтэй болцгоосон байдаг.

Гэрчийн үүлс мэт чин үнэн итгэлийг хүлээн авцгаая! Их Эзэнтэйгээ адил болохын тулд бидний өмнө тулгарч байдаг олон муу гэм нүглүүдээ өөрсдөөсөө хөөн зайлуулцгаая! Тэгсэн тохиолдолд бид Иоханы 15:7-д, "Хэрэв та нар Миний дотор, Миний үгс та нарын дотор байвал та нар юу хүссэнээ гуй. Тэгвэл та нарын төлөө биелэх болно." хэмээсэн шиг Түүний адислал энэрэл шингэсэн агуу гайхамшигт амьдралаар бүгдээрээ амьдарцгаая.

Эрхэм та тийм амьдралаар амьдарцгаагүй бол, эрхэм та өөрсдийн амьдралаа дүгнэн цэгнээд зүрх сэтгэлээ ариусган Их Эзэндээ чин үнэнээр итгээгүйдээ нүглээ наминчилцгаан Бурханы үгээр л амьдарцгаана уу.

Эрхэм та бүхэн чин үнэн итгэлийг хүлээн аваад Бурханы хүч чадлыг хүлээн авцгаан Түүнийг чин үнэн сэтгэлээсээ хайрлан адислал энэрэлийг хүлээн авцгаагаасай хэмээн Их Эзэн Есүс Христийн нэр дээр залбиран гуйя!

Сайн Мэдээ 3

Эрдэнээс Илүү Үзэсгэлэнт Зүйл

2 Тимот 2:20-21

*Том байшинд зөвхөн алт, мөнгөн сав
суулга байдаггүй. Мөн модон, шавран сав
суулга ч байдаг. Зарим нь хүндэтгэлд,
зарим нь жирийн үед хэрэглэгддэг.
Иймд хэрэв хүн өөрийгөө эдгээр зүйлээс цэвэрлэвэл,
тэр хүн хүндэтгэлд зориулсан ариусгагдсан,
Эзэндээ нийцсэн бөгөөд аливаа сайн үйлд
бэлтгэгдсэн сав байх болно*

Бурхан газар дэлхий дээр хүн төрөлхтөнийг бий болгон өсөж хөгжсөнөөр чин үнэн хайрыг хуваалцахыг хүсэв. Гэвч хүмүүс гэм нүгэл үйлдэцгээж байсан тул муу ёрын сүнс Сатаны автлатанд маш ихээр орцгоов (Ром 3:23). Хайрын дээд Бурхан маань хүн төрөлхтөнийг гэм нүгэлтэй ч гэсэн орхин хаягүй билээ. Хэдий хүмүүс гэм нүгэлтэй байсан ч гэсэн Тэрбээр хүн төрөлхтөний тусын тулд авралын төлөвлөгөөг бий болгов. Бурхан Түүний цорын ганц Хүү Есүсийг энэ дэлхийд хүн төрөлхтөнийг гэм нүглээс нь ангижируулахын тулд илгээсэн билээ.

Энэхүү гайхамшигт хайр энэрэлийн дагуу амиа золиослон Есүс Христ бидний тусын тулд энэ дэлхийд ирсэн ба ингэснээрээ Тэрбээр бидэнд авралын төлөвлөгөөний үүд хаалгыг нээв. Есүс Христийг өөрсдийн зүрх сэтгэлдээ итгэн дагацгаан Есүс бидний төлөө нас барцгаан мөн дахин амиласан гэдэгт итгэцгээн Есүс Бидний Аврагч гэдгийг хүлээн зөвшөөрсөнөөр бид агуу гайхамшигт Бурханы хүүхдэд тооцогдох билээ.

Бурханы Хайр Хүүхдүүд нь Бурханы Гол Тулгуур Юм

2 Тимотын 2:20-21-д, "Том байшинд зөвхөн алт, мөнгөн сав суулга байдаггүй. Мөн модон, шавран сав суулга ч байдаг. Зарим нь хүндэтгэлд, зарим нь жирийн үед хэрэглэгддэг. Иймд хэрэв хүн өөрийгөө эдгээр зүйлээс цэвэрлэвэл, тэр хүн хүндэтгэлд зориулсан ариусгагдсан, Эзэндээ нийцсэн бөгөөд аливаа сайн үйлд бэлтгэгдсэн сав байх болно." хэмээн дурдан бичсэн байдаг ба "зүйл" гэдэг нь "бэлтгэгдсэн сав" хэмээн онцлон хэлсэн байдаг. Бурханыг чин үнэн сэтгэлээсээ хүндэтгэн хайрлаж байвал Түүний хайр энэрэл нь бидэнд

байнга ирцгээн Түүний агуу хүч чадлыг хүлээн авцгаах болно. Тиймээс, өөрсдийгөө бид бэлтгэгдсэн сав болгон Бурханы хайр энэрэлийг хүлээх авваас бид олон гайхамшигуудыг хүлээн авах боломжтой болно.

Тэгвэл Бурханы бэлтгэсэн ба Түүний адислалыг хүлээн авах хүн нь ямар байх хэрэгтэй вэ? Бурханы хайр энэрэл, хүндэтгэл хүлээсэн агуу сайхан үнэт хүн байх хэрэгтэй билээ.

Нэгт, "үнэт хүн" гэдэг нь Бурханы биелүүлээсэй гэсэн зүйлийг хийж байдаг хүнийг хэлнэ. Их Эзэний ирэх замыг бэлдсэн Усан Баталгаа Хийгч Иохан шиг болон Израйлчуудыг Египетээс гаргахад тусалсан Мосес шиг хүмүүс энэ категорт багтацгаадаг.

Дараа нь, "хүндэтгэл хүлээсэн хүн" гэдэг нь үнэнч шударга, хүний итгэлийг хүлээсэн ховорхон хүмүүсийг хэлдэг. Бурханы алдар сууг бадраан чин үнэнч байцгаадаг байсан Иосеф болон Даниел нар ч энэ ангилалд орцгоодог.

Эцэст нь, "агуу сайхан хүн" гэдэг нь Бурханыг сайн сайхан байдалтайгаар сэтгэл зүрхэндээ хүндэтгэн авч үздэг хүн ба хэнтэй ч хэрэлдэж уралддаггүй юманд хүлцэнгүй хандацгаадаг хүнийг хэлдэг билээ. Естер өөрийн нутаг нэгт хүн болон Абрахамыгавран хамгаалсан байдаг ба тийнхүү Бурханы найз хэмээн нэрлэгддэг билээ.

Эрдэнийн чулуунаас илүү үзэсгэлэнт сайхан хүн гэдэг нь хайр энэрэл, хүндэтгэл хүлээсэн агуу сайхан Бурханд хайрлагдсан хүнийг хэлдэг билээ. Эрдэнийн чулуу хаягдал хогон дундаас илэрхий харагддаг. Үүнтэй адил, Бурханы агуу гайхамшигт үзэсгэлэнт сайхан хүмүүс нь илэрхий олны дундаас ялгаран харагддаг билээ.

Эрдэнийн чулуунууд нь хэмжээ хязгаараасаа шалтгаалан өөр өөр үнэлгээтэй байдаг боловч гялтганах туяа өнгөлөгөөрөө бусдыг татан дагуулж байдаг. Хэдий тийм ч гэсэн, гялтгануур чулуу болгон эрдэнийн чулууд тооцогддоггүй. Жинхэнэ эрдэнийн чулуу нь өнгө

үзэмж, гялтганах чанар болон бат бэх байдлуудыг өөртөө агуулсан байдаг. Энд, бат бэх байдлыг агуулсан хэмээн хэлж байгаа нь халуун хүйтэнийг тэсвэрлэх чадвар болон хэв маягаа алдахгүй гэх мэт маш олон сайн талуудтай байдаг. Мөн өөр чухал үзүүлэлт нь маш ховор олдоцтой байдаг.

Үзэсгэлэн гоо сайхан, бат бэх байдал болон ховорхон байдаг шиг хүндэтгэл хүлээсэн, үнэт нандин, чин үнэнч хүн байх нь юутай сайхан чанарууд вэ? Бурхан өөрийн хүүхдүүдээ үүнтэй адил хүндэтгэл хүлээсэн, үнэт нандин чин үнэнч хүмүүс болоосой хэмээн маш их хүсч байдаг билээ. Бурхан тийм агуу гайхамшигт хүнийг олж илрүүлээд агуу их хайр болон адислалуудыг түүнд өгч байдаг билээ.

Бурханы таалалыг хүлээн авсан агуу гайхамшигт эрдэний чулуу мэт хүн бид хэрхэн болох вэ?

Нэгт, Бурханы үнэн мөнөөр өөрсдийн сэтгэл зүрхээ дүүргэн ариун гэгээнийг бий болгох хэрэгтэй.

Тухайн нэгэн зүйлийг зүй ёсны дагуу хэрэглэхийн тулд бүх зүйлс бүрэн бүтэн болон цэвэр ариун байх хэрэгтэй. Үнэт алтан эдлэл ч гэсэн хэв маяг болон ахуйн хэрэглээнийхээ мөн чанарыг алдсан тохиолдолд хэрэглэгдэж чаддаггүй. Тэрхүү мөн чанараа алдсан зүйлийг эргэн бий болгосоноор зүй ёсныхоо дагуу үйл ажиллагаа хийх боломжтой болдог.

Үүнтэй адил Бурханы хүүхдүүдэд ч гэсэн ижил шаардлага тавигддаг билээ. Бурхан Өөрийн үр хүүхдүүддээ агуу гайхамшигт аз жаргал, сайн сайхан, эрүүл мэнд болон эд баялагууд болон адислалуудыг бэлтгэсэн байдаг. Эдгээр агуу гайхамшигт адислалуудыг хүлээн авахын тулд бид өөрсдийгөө Бурханы ариун гэгээн Бурханы хүмүүс болгоох хэрэгтэй.

Иеримиа 17:9-д, "Зүрх бол бүх зүйлээс илүү хуурамч бөгөөд эдгэршгүй өвчтэй юм.Үүнийг хэн ойлгож чадах билээ?" хэмээн хэлсэн байдаг ба Матайгын 15:18-19-д, "Харин амнаас гарах зүйл зүрхнээс гарч, тэдгээр нь хүнийг бузарладаг. Зүрхнээс хорон муу бодол, аллага, завхайрал, садар самуун, хулгай, худал гэрчлэл, гүтгэлэг зэрэг нь гардаг." хэмээн дурдан бичсэн байдаг. Тиймээс, бид өөрсдийн сэтгэл зүрхээ ариусгасаны дараа цэвэр ариун хүмүүс болгоодог.

Өөрсдийнхөө сэтгэл зүрхийг цэвэр ариун болгоноос хойш муу санаа бодол болон хорон зүйлс хийхгүй болгоодог билээ. Сэтгэл зүрхээ бид цэвэр ариун болгохын тулд бид Бурханы үг болох ариун усаар л цэвэрлэн ариусгаж чадна. Тийм ч учраас Тэрбээр биднийг Ефисийн 5:26-д дурдсан шиг "үгийн ариун усаар өөрсдийгөө цэвэрлэцгээх" хэрэгтэй хэмээн хэлсэн байдаг ба Евреигийн 10:22-д, "бузар мөс чанараас цэвэрлэгдэхийн тулд өөрсдийн зүрхэндээ цацуулж, биеэ ариун усаар угаалган, үнэн зүрхээрээ ойртон очицгооё." хэмээн дурдан хэлсэн байдаг.

Тэгвэл сүнслэг ус-Бурханы ус-биднийг хэрхэн цэвэрлэх вэ? Ариун Библийн жаран зургаан номонд заасан байсан сургаал номлолуудыг даган мөрдөгчөөн сэтгэл зүрхээ цэвэрлэцгээх хэрэгтэй байдаг.

Хийж болохгүй зүйлсийг болон "хөөн зайлуулцгаах хэрэгтэй" хэмээх зааварчилгаа зарлигуудыг даган мөрдөцгөөсөнөөр бид нүгэлт амьдралыг бүр мөсөн орхицгоодог билээ. Христийн гэрэл гэгээг бий болгоцгоон Түүний үгээр өөрсдийн сэтгэл зүрхээ ариусгацгаадаг билээ. Хэдий тийм ч гэсэн өөрсдийн хүсэл болон эрмэлзлэлээр биш эдгээр зүйлс нь биелэгдэхгүй харин Ариун Сүнсний тусламж зааварчилгаагаар бүх юм биелэгддэг билээ.

Бид Бурханы үгийг сэтгэл зүрхээ нээн онгойлгон хүлээн аван Есүс Христийг өөрсдийн Аврагчаа хэмээн хүлээн зөвшөөрөхөд Бурхан бидэнд Ариун Сүнсээ хайрладаг билээ. Ариун Сүнс нь Есүс Христийг өөрсдийн амьдралдаа оруулан Аврагчаа хэмээн хүлээн зөвшөөрсөн хүмүүстэй байдаг ба тэдэнд үнэн мөнийг ойлгон мэдэхэд нь тусалж байдаг билээ. Судрууд дээр бидэнд хэлэхдээ, "Махан бодиос төрж бий болсон нь махан бодьтой байдаг, Сүнснээс төрж бий болсон нь сүнсэн бодьтой байдаг (Иохан 3:6). Бурханы хүүхдүүд нь Ариун Сүнсний бэлгийн тусламжтайгаар өдөр тутмынхаа гэм нүглийг Ариун Сүнсний тусламжтайгаар хөөн зайлуулан сүнслэг ариун гэгээн хүмүүс болцгоодог.

Та нарын хэн нэгэн нь тань Тэр бүх сургаалуудыг би хэрхэн дагах вэ? хэмээн санаа зовон бодоцгоож байна уу?

1 Иоханы 5:2-3-д, "Бид Бурханыг хайрлаж, Түүний

тушаалуудыг сахиж байгаа цагт Бурханы хүүхдүүдийг хайрладаг гэдгээ бид үүгээр мэднэ. Бурханы хайрлах нь Түүний тушаалуудыг сахих юм. Түүний тушаалууд нь хүнд дарамт биш билээ." хэмээн дурдан бичсэн байдаг. Бурханы эрхэм та чин сэтгэлээсээ хайрлан итгэх аваас Түүний сургаал номлолуудыг дагах нь тийм ч хэцүү биш байх болно.

Эцэг эхчүүд үр хүүхдээ төрүүлээд өсөж өндийлгөн, хооллож ундлан хувцаслан арчилцгаадаг билээ. Нэг талаар эцэг эхчүүд өөрийн бус хүүхдүүдийг асарч хамгаалж байхдаа өөрсдийн хүүхдүүддээ нилээд санаа зовцгоож байдаг билээ. Нөгөөтэйгүүр, эцэг эхчүүд өөрсдийн хүүхдүүдээ асарч хамгаалж байхдаа маш их сэтгэл хангалуун баяртай байцгаадаг. Хэдий хүүхэд шөнө дөлөөр сэрэн уйлцгаах үед ч гэсэн эцэг эхчүүд ундууцан уурладаггүй харин улам ихээр хайрлан энхрийлцгээдэг. Хайртай хүмүүсдээ үйлчилэн туслах нь ямар ч ундууцал хүргэдэггүй ба хэцүүд тооцогддоггүй билээ. Үүнтэй адил, Агуу гайхамшигт Бурхан Тэнгэрлэг Эцэг маань бидний тусын тулд Өөрийн цорын ганц хүүгээ илгээж байхад бид хэрхэн Түүнийг хайрлахгүй байж чадах билээ? Мөнтүүнчлэн, Бурханыг хайрладаг бол бид Түүний үгээр амьдрах нь тийм ч хэцүү зүйл биш билээ. Хэдий тийм ч гэсэн бид Бурханы заасан сургасан тушаалуудыг дагахгүй зөрчих аваас бидэнд маш хэцүү хүнд зүйлс тохиолдох билээ.

Долоон жилийн турш би өвчин зовлонд баригдан шаналж байхад миний эгч намайг Бурханы ариун гэгээн мөргөлийн газар аваачсан билээ. Мөргөлийн газар өвдөг сөгдөн суугаад Ариун Сүнсний галыг хүлээн авсаны дараа миний биейн өвчин зовлон ариусан эдгэрч би

амьд Бурхантайгаа уулзсан билээ. Тэр тохиолдол маань 1974 оны Дөрөвдүгээр сарын 17-нд байсан билээ. Тэр цаг мөчөөс хойш би Бурхандаа төгс талархалтайгаар ариун ёслол цуглаанд оролцдог болов. Тэр оныхоо Арваннэгдүгээр сард би сэргээлтийн уулзалтанд анх очин Түүний сургаал номлолыг сонсон мэдэж аваад Христийн үндсэн сургаалуудыг ойлгож авсан билээ.

'Бурхан минь, та үнэхээр агуу билээ!'
'Итгэлийг хүлээн аваад'
'Нүгэлт амьдралаа орхиё би!'
'Архи тамхиа орхиё би,'
'Залбирал талархалаа тандаа өргөө,'
'Аравны нэгээ зохистойгоор өргөн'
'Агуу Гайхамшигт Бурханыхаа өмнө гар хоосонгүй очиё.'

Долоо хоногын турш би Амен хэмээх үгийг зүрх сэтгэлдээ хүлээн авсаар байсан билээ.

Сэргээлтийн уулзалтын дараа би архи тамхиа орхин аравны нэгээ байнга төлдөг болон Бурхандаа талархал

Зохиогч Др. Жаерок Лее

алдраа өргөн барьж эхлэв. Мөнтүүнчлэн өглөөгүүр бас залбирдаг болсон ба тийнхүү би байнга залбирал үйлддэг хүн болов. Сурч мэдсэнийхээ дагуу залбирал үйлдэн Библийг уншин судалж эхлэв.

Дэлхий ертөнцийн бүх зүйлсээр өвчин зовлонгоосоо ангижирах гэж маш их олонтаа оролдсон боловч ямар ч тусгүй байсан ба Бурханы хүчээр асар түргэн эдгэрсэн билээ. Тиймээс, би Библийн бүх бүлэг болон шүлэг бүрт итгэдэг байв. Анхалж эхэлж итгэж байсан тул надад мэдэхгүй ойлгохгүй зүйлс анхандаа маш их тулгардаг байв. Гэсэн хэдий ч ойлгож байсан бүх сургаал тушаалуудыг тэр сонссон мөчөөсөө эхлэн даган м өрдөж эхэлж байв. Жишээлбэл, Библээс би худал хуурамч зүйл бүү хэл хэмээн хэлсэнг уншаад би тэр дороо л Худал хэлэх нь гэм нүгэл гэдгийг ойлгон мэдэж авав. Ариун Библи дээр худал хуурамч зүйлс бүү хэл хэмээн хэлсэн тул би худал хуурамч зүйлс үл хэлнэ хэмээн өөртэй хэлэв. Мөнтүүнчлэн би Бурханаасаа, Бурхан минь намайг худал хуурамч зүйл хэлдэг байдлаас минь ангижируулан туслаач хэмээн залбирдаг байв. Би хүмүүсийг хууран мэхэлдэг байгаагүй ч гэсэн сэтгэл зүрхэндээ санаандгүй хийдэг байсан гэм нүглийнхээ төлөө залбирал гуйн худал бодол санаагаа хүртэл хөөдөг байв.

Маш олон хүмүүс худал ярьцгааж байдаг ба худал ярьж байгаагаа мэдэцгээдэггүй. Ярих дургүй хүмүүстэйгээ ярих хүсэлгүйн үүднээс тэдгээр хүмүүс тань руу утасдах үед эрхэм та үр хүүхдээ болон хамт ажилдаг хүмүүсдээ, Намайг байхгүй байна гээд хэлчих гээд хэлдэг тохиолдол олонтаа бид хийж байдаг билээ. Ихэнхи хүмүүс бусад хүмүүсээс санаа зовон, тэднээс хамааран тийнхүү шийд гаргаж байдаг. Зарим хүмүүс ямар нэгэн зүйлийг идэж уух эсвэл хэн нэгнийг очиж эргэх гэх зэрэгт худал хэлж байдаг. Хэдий юм идэж уугаагүй ба өлсөж цангаж байсан ч гэсэн хүмүүс бусдад дараа болоод яахав гээд, Баярлалаа, би гэрээсээ гарахаасаа өмнө юм идэж уугаад ирсэн хэмээн худал хэлж байдаг билээ. Хэдий сайн санааны үүднээс хэлсэн худал хуурмаг зүйл ч гэсэн худалд тооцогддог тул би Бурхандаа хандан байнга худал хуурмаг зүйл хэлж байгаагаа наминчилан залбирч байдаг билээ.

Мөнтүүнчлэн, би өөртөө бүх худал хуурамч болон өөрөөсөө зайлуулах зүйлсийн нэрсийн жагсаалт хийн залбирал наминчилалыг үйлдэж байдаг билээ. Нүгэлт зан араншин, муу ёрын нүгэлт үйлдлээсээ бүрэн мөсөн орхин зайлуулсаны дараа л би тэрхүү зангаа улаан өнгийн үзгээр даран жагсаалтаасаа гаргадаг билээ. Нүгэлт үйлдэл байдлаасаа салж чадаагүй тохиолдолд би тасралтгүй залбиран наминчилж байдаг байв. Гурван хоногын турш мацаг барин залбирал үйлдээд гэм нүглээсээ салаагүй бол таван өдрийн мацаг барилт болгон залбирдаг байв. Нүгэлт байдлаа дахин хийсээр байсан бол бүр долоон хоног болгон мацаг барин залбирал үйлддэг байв. Хэдий тийм ч гэсэн би маш ховорхон удаа л долоо хоног мацаг барьж байдаг байсан ба ихэвчлэн гурав хоногын дараа л өөрийн ихэнхи гэм нүглийг өөрөөсөө хөөн зайлуулдаг байв. Тиймэрхүү байдлаар өөрийнхөө гэм нүглээсээ салан ангижируулсаны дараа би өөрийгөө улам ариусган Бурханы ариун гэгээн үйлчлэгч хүн нь болсон билээ.

Их Эзэнтэйгээ уулзсаны гурван жилийн дараа, Бурханы нүдэнд тооцогдох бүх гэм нүглүүдээсээ ангижиран Бурханы үгийг дагадах хүн болсон билээ. Нэмж хэлэхэд, "Хий" болон "Дага" гэсэн бүх зүйлсийг өөртөө бий болгон дагаж мөрдсөнөөр би маш богино хугацаанд хийж гүйцэтгэв. Бурханы ариун гэгээн хүн нь болсоны дараа Бурхан намайг асар ихээр адислан хайрласан билээ. Миний гэр бүлийнхэн маань эрүүл энх болон хайр энэрлүүдээр адислагдан хайрлагдацгаасан билээ. Мөнтүүнчлэн, бүх өр ширүүдээ асар богино хугацаанд төлөн барагдуулсан билээ. Эд зүйлсийн адислал болон сэтгэл санааны агуу гайхамшигт адислалуудыг хүлээн авцгаасан юм. Ариун Библи дээр дурдсан шиг, "Хайртууд минь, хэрэв зүрх маань биднийг яллахгүй бол бид Бурханы өмнө зоригтой байж, гуйсан болгоноо Түүнээс хүлээн авна. Учир нь бид Түүний тушаалуудыг сахиж, Түүний мэлмийд тааламжтай зүйлсийг үйлддэг билээ." хэмээн дурдсан байдаг. (1 Иохан 3:21-22).

Хоёрт, эрдэнийн чулуу мэт үзэсгэлэнт сайхан болон гэрэл гэгээтэй болохын тулд эрхэм та галаар ариутгагдан сүнслэг гэрэл гэгээтэй болох хэрэгтэй.

Түүхий эрдэний чулуу байгаад засан чимэглэсэний дараа зүүлт болон бөгжин дээр суулгасан эрдэнийн чулуу нь үнэхээр тансаг сайхан гялтагнаж байдаг билээ. Хэдий засаж чимэглэсэн ч гэсэн тэдгээр эрдэнийн чулууд нь үзэсгэлэнт сайхан хэлбэр дүрс өнгө туяагаараа гийгүүлдэг билээ.

Эрдэнийн чулуу засварчид түүхий эрдэнийн зүйлсийг засан чимэглээд үзэсгэлэнт сайхан эрдэнийн чулууг бий болгодогын адил Бурхан хүүхдүүдээ засан хүмүүжүүлдэг билээ. Бурхан хүүхдүүдээ гэм нүгэл үйлдэхэд нь засан залруулдаггүй харин хүнд хүчир байдлаар бие махбодийн болон сэтгэлийн хүч чадлаар нь чадварлаг болгохын тулд тийнхүү адислан сургаж байдаг билээ. Гэм нүгэл үйлдээгүй Бурханы хүүхдүүд ч гэсэн амьдралдаа хүнд хүчир зүйлстэй тулгаран зовлонг туулж байдаг. Энэ нь Бурхан үр

хүүхдүүдээ засан сурган хүмүүжүүлэн улам их гэрэл гэгээт эрдэнийн чулуу мэт гялалзан гэрэлтээсээ хэмээн хүссэний үүднээс юм. 1 Петрийн 2:19-д, "Учир нь хэрэв хүн шударга бусаар зовохдоо Бурханд ханддаг мөс чанараасаа болж тэвчвэл энэ нь тааллыг олдог. хэмээн дурдсан байдаг. Мөнтүүнчлэн, Ингэснээр та нарын итгэлийн шалгуур нь галаар шалгах боловч мөхөх алтнаас ч илүү үнэтэй байн,

Есүс Христийн илчлэлт дээр магтаал, алдар, хүндэтгэлд хүрэх юм." хэмээн хэлсэн байдаг (1 Петр 1:7).

Бурхан хэдий Түүний хүүхдүүд нь өөрийн бүх гэм нүглүүдээ өөрсдөөсөө хөөн зайлуулан цэвэр ариун гэгээн хүмүүс болцгоосон ч гэсэн Бурхан үр хүүхдүүдээ улам гэрэл гэгээт ариун гэгээн хүмүүс болгохын тулд хүнд хүчир зүйлсийг тохиолдуулж байдаг билээ. 1 Иоханы 1:5-д, "Бурхан бол гэрэл гэгээ ба Түүнд харанхуй огт байдаггүй билээ" хэмээн хэлсэн байдаг ба Бурхан гэрэл гэгээ тул ямар ч хир бортиг байхгүй тул Тэрбээр өөрийн хүүхдүүдээ гэм нүгэлгүй ариун байлгахыг хүсч байдаг билээ.

Тиймээс, хүнд хүчир зүйлсийг даван туулаад хайр энэрлээр Бурхандаа талархахад эрхэм та эрдэнийн үнэт чулуу мэт үзэсгэлэнтэй сайхан гялалзах болно. Сүнсний эрх мэдэл болон хүч чадал нь сүнсний гэрэл гэгээнээс өөр ойлголт юм. Мөнтүүнчлэн, сүнслэг ариун гэрэл гэгээ туяарахад муу ёрын сүнс Сатанд байж суух газаргүй болдог билээ.

Маркын 9-р бүлэгт нэгэн хүн өөрийнх нь хүү нь чөтгөрийн сүнсэнд автагдсан байсан тул хүүгийнх нь төлөө залбиран адислаач хэмээн гуйдаг. Есүс муу ёрын чөтгөрийг хөөн зайлуулдаг. Есүс олон түмнийг хурдан цуглаж байгааг хараад, бузар сүнсийг зэмлэж, түүнд "-Хэлгүй, дүлий сүнс ээ. Би чамд тушааж байна. Түүнээс гар. Дахиж түүнд бүү ор гэж айлдав." (шүлэг 25). Муу ёрын сүнс зайлуулагдсаны дараа тэр хүү сэргэн эрүүл болдог билээ. Үүнтэй адил өөр нэгэн судрын бүлэг дээр Есүсийн нэгэн дагалдагч нар дээр

нэгэн хүн хүүгийнхээ төлөө залбирал үйлдүүлэхэд Есүсийн дагалдагч нь муу ёрын сүнсийг хөөн зайлуулж чаддаггүй билээ. Энэ нь дагалдагч нарын сүнслэг гэрэл гэгээ нь Есүсийн сүнслэг гэрэл гэгээний төвшинтэй эн зэрэгцэхгүй байсаны юм.

Тэгвэл Есүсийн адил хэмжээний сүнслэг гэрэл гэгээтэй болохын тулд бид яах хэрэгтэй вэ? Бид ямар ч тохиолдолд Бурхандаа итгэн ямар ч муу ёрын байдлыг, өстөн дайснаа хүртэл хайрлан ойлгосоноор даван туулах хэрэгтэй. Ингэснийхээ үр дүнд эрхэм таны ариун гэгээн санаа бодол чин сэтгэлээсээ ариусан Есүсийн адил болон муу ёрын сүнсийг үтэр түргэн хөөн зайлуулах боломжтой болно.

Эрдэнийн Чулуунаас Илүү Үзэсгэлэнт Бурханы Үйлчилэгч Болоход Хүлээн Авах Адислалууд

Аравн жилийн турш итгэлийн дардан замаар туулан өнгөрч байхдаа маш их хэмжээний саад хотгоруудтай тулгарч байсан билээ. Жишээлбэл, хэдэн жилийн өмнө телевизийн нэвтрүүлгээр үхэл хагацмаар аймшигт гутамшигт нөхцөл байдалтай тулгарч байсан билээ. Үүний үр дүнд, миний дотны найз нөхөд болон гэр бүлийн хүмүүс ч хүртэл намайг орхин одоцгоосон билээ.

Нүгэлт ертөнцийн жишгээр амьдарцгаадаг хүмүүсийн хэл амных нь бай болон хараал ерөөлийг туулан өнгөрсөн ба миний Манмин Сүмийн гишүүд маань буруугаар гүтгэгдэн хэлмэгдэцгээж байсан билээ. Хэдий тийм ч гэсэн, Манмин сүмийн гишүүд болон би эдгээр хүнд хүчир саад хотгорыг халуун бүлээрээ хоорондоо эвтэй найртай байцгаан Бурханаасаа хайр энэрэлийг гуйн залбирцгаасаны үр дүнд тэднийг мартан өршөөн явцгаасан билээ.

Мөнтүүнчлэн, сүмд хүнд хүчир зүйл учируулсан болон манай сүмийг орхин одоцгоосон хүмүүсийг би үзэн ядан өшөөрхөн хорсоогүй билээ. Энэхүү хүнд хүчир саад хотгорын үед би Бурхандаа чин сэтгэлээсээ итгэн намайг хайрладаг гэдгийг баттай мэдэж байсан билээ. Ингэж биднийг хорлон сүйтгэх гэж байгаа хүмүүсийн эсрэг бид хайр энэрэл уучилалтаар даван туулдаг. Оюутан хичээл номоо сайн давтаж хийсэнийхээ улмаас шалгалт шүүлгэн дээрээ сайн үнэлгээ авдаг шиг хайр энэрэл болон Бурханаас хүлээн авсан шударга байсаныхаа үүднээс агуу гайхамшигыг хийж гүйцэтгэн Түүний хүчийг хийж гүйцэтгэсэн билээ.

Энэхүү хүнд хүчир байдлын дараа би дэлхий дахинаа номлолыг хийж гүйцэтгэх агуу гайхамшигт үйлийн үүд хаалга нээгдсэн билээ. Бурханы агуу гайхамшигт хүчийн дагуу би арав, зуун мянган ба сая сая хүмүүсийг хуран цугларуулсан агуу гайхамшигт крусайд үйл ажиллагааг удирдан зохион байгуулан Бурханы гайхамшигуудыг бий болгож байхад Бурхан надтай хамт байдаг байлаа.

Биднийг тойрон хүрээлж байдаг Бурханы агуу гайхамшигт гэрэл гэгээ нь дэлхий ертөнцийн агуу гайхамшигт эрдэний чулуунаас илүүтэй сайхан сүнслэг гэрэл гэгээ тойрон хүрээлдэг билээ. Бурханы сургаал номлолыг тууштай дагацгааж байдаг хүүхдүүдийг эрдэнийн чулуу мэт гайхамшигт гэрэл гэгээгээр тойрон хүрээлж байдаг билээ.

Тиймээс, эрхэм та өөрсдийгөө ариусган цэвэршүүлж сүнслэг ертөнцийн гэрэл гэгээ мэт агуу гайхамшигт сүнслэг гэрэл гэгээг өөртөө бий болгон аж амьдралаа адислуулан баяр жаргалыг эдлээсэй хэмээн Их Эзэний нэр дээр залбиран гуйж байна!

Сайн Мэдээ 4
Гэрэл Гэгээ

1 Иохан 1:5

Бурхан бол гэрэл,
мөн Түүний
дотор харанхуй огт байхгүй гэдэг нь
бидний Түүнээс сонссон мэдээ
бөгөөд та нарт тунхаглаж байна

Өөр өөрийн өвөрмөц шинж чанар болон увьдастай маш олон гэрэл гэгээнүүд байдаг. Хамгийн гол нь түнэр харанхуйг гэрэлтүүлэн гийгүүлж, урин дулаан уур амьсгал болон хор хөнөөлтэй бактерийг устган үгүйрүүлж байдаг билээ. Гэрэл гэгээгээр ургамал амьтан тэжээлэг бодис эрдэсээ авцгааж байдаг юм.

Хэдий тийм ч гэсэн, бидний махан бодиороо харж чаддаг гэрэл гэгээ байдаг байхад бидний бие мах бодиороо харж чаддаггүй сүнслэг гэрэл гэгээнүүд байдаг. Нүдэнд үзэгдэх гэрэл гэгээнүүдийн гайхамшигт увьдасын адил сүнслэг гэрэл гэгээнүүд маань асар их чадавхи болон увьдасууд байдаг билээ. Гэрэл гэгээ шөнийн цагт гэрэл гэгээ гийхэд түнэр харанхуй үтэр түргэн замхран алга болдог билээ.

Үүнтэй адил, сүнслэг ертөнцийн гэрэл гэгээ бидний амьдралд гийн бий болоход сүнслэг харанхуй үтэр түргэн байдал маань асар хурдан хугацаанд замхран алга болдог ба Бурханы хайр энэрэл болон өршөөлөөр хүрээлэгддэг билээ. Гэр бүлд үүсэн бий болж байдаг хүнд хэцүү зүйлсийн эх үүсвэр нь сүнсний харгуй байдалтай холбоотой байдаг. Хэдий тийм ч гэсэн, сүнсний гэрэл гэгээ бидний амьдралд гэрэлтэн бий болоход хүний оюун ухаанд ч оромгүй гайхамшигт эдгэрэлийг бий болгож байдаг билээ.

Сүнслэг Гэрэл Гэгээ

Сүнслэг гэрэл гэгээ гэж юм ба хэрхэн үйлчилж байдаг юм бэ? Бид үүний хариуг 1 Иоханы 1:5-д, "Бурхан бол Гэрэл гэгээ ба Түүнд үтэр харанхуй байхгүй билээ" хэмээн хэлсэн байдаг ба Иоханы 1:1 "Үг нь Бурхан юм" хэмээн хэлсэн байдаг. Дүгнэж хэлэхэд "гэрэл" гэдэг нь зөвхөн Бурханыг хэлж байгаа биш Түүний үнэн мөн, сайн сайхан байдал болон хайр энэрэлийг хэлж байгаа юм. Хүн төрөлхтөнийг бүтээн бий болгохоос өмнө Бурхан орон зайн огторгуйд оршиж байхдаа ганцаараа л ганц хэв маягтай л байдаг байв. Гэрэл гэгээ болон дуу аялгууны хоршилоор Бурхан дэлхий ертөнцийг бүтээн бий болгосон билээ. Сүр жавхлант агуу гайхамшигт гэрэл гэгээгээр хорвоо дэлхий бүтээгдсэн ба агуу гайхамшигт уянгат дуу аялгуу бас үүссэн гарсан билээ.

Гэрэл гэгээ болон уянгат дуугаар оршдог Бурхан маань хүн төрөлхтөнийг бий болгон өсгөн хүмүүжүүлэв. Тэрбээр өөрийгөө Мөнхийн Гурвалд оруулан хүн төрөлхтөнийг өөрийнхөө дүр төрхийн дагуу бүтээн бий болгов. Хэдий тийм ч гэсэн, Бурханы гол амин үндэс нь гэрэл гэгээ болон уянгат дуу аялгуу ба Тэрбэээр гэрэл гэгээ уянгат дуу хоолойгоор үйл ажиллагаагаа удирдан явуулдаг билээ. Хэдий Бурхан хүний дүр төрхтэй боловч Түүний бие махбодь нь Түүний агуу гайхамшигт хүчийг агуулсан гэрэл гэгээн агуулагдсан байдаг юм.

Бурханы хүч чадлаас гадна, үнэн мөн, хайр энэрэл болон сүнслэг энэрэнгүйн увьдас шингэн Түүнд орсон байдаг. Үнэн мөн болон сүр жавхлант гэрэл гэгээ болон дуу увьдасны хоршил болсон тухай Библийн жаран зургаан номон дээр дурсан бичсэн байдаг. Өөрөөр хэлбэл, "гэрэл гэгээ" гэдэг нь Библийн хайр энэрэл, үнэн мөн байдал, болон "Бие биенээ чин сэтгэлээсээ хайрлах", "Тогтмол залбирч бай", "Ариун өдрийг ариунаар нь хадгал", "Арван Тушаалуудыг дага" тухай тус тус гайхамшигт зүйлсийг дурдан бичсэн байдаг.

Бурхантай Уулзахын Тулд Гэрэл Гэгээт Амьдралаар Алхахтун

Бурхан Эцэг маань дэлхий ертөнцийн гэрэл гэгээт амьдралыг удирдан залж байхад муу ёрын сүнс Сатан нь дэлхий ертөнцийн харанхуй амьдралыг удирдан эзэгнэж байдаг билээ. Мөнтүүнчлэн, Бурханы Сатан үзэн яддаг тул харанхуйн амьдралаар амьдарцгааж байдаг хүмүүс Бурхантай уулзах боломжгүй юм. Тиймээс, Бурхантай уулзахын тулд өөрсдийн амьдралдаа байгаа зовлон зүдгүүрээсээ ангижиран хариултыг хүлээн аваад зовлонт харанхуй амьдралаасаа гаран гэрэл гэгээт амьдралаар амьдрах хэрэгтэй.

Библийн сургаал дээр бид маш олон "Хийх Хэрэгтэй"

зүйлсүүдийг олж уншдаг. Тэдгээр нь, "Бие биенээ хайрла", "Бие биендээ үйлчил", "Залбир", "Талархалтай байх" гэх зэрэг зүйлс байдаг. "Дагаж мөрд" гэсэн маш олон зарлигууд бас байдаг ба тэдгээр нь, "Ариун өдрийг ариунаар нь хадгалах", "Арван тушаалуудыг дага", "Бурханы сургаалуудыг дага" гэх зэрэг.

Мөнтүүнчлэн, "Хийж болохгүй" гэсэн маш олон зүйлс байдаг ба үүнд, "Худал бүү хэл", "Бүү үзэн яд", "Хувиа битгий хичээ", "Хий хоосон бурхан битгий шүт", "Хулгай бүү хий", "Бүү атаарх", "Бүү хорон санаа агуул" болон "Бүү хов жив хий" хэмээн хэлсэн байдаг. Өөрсдөөсөө "Хөөн зайлуул" гэсэн тушаал зарлигууд байдаг ба үүнд, "Муу хорон санаагаа өөрөөсөө хөөн зайлуул", "Атаархалт санаагаа өөрөөсөө хөөн зайлуул" болон "Шуналт зангаа өөрөөсөө хөөн зайлуул" хэмээн хэлсэн байдаг.

Нөгөөтэйгүүр, Бурханы сургаал номлол болон зарлигуудыг даган мөрдөн Бурхантайгаа адил болохыг хичээн зүтгэвэл бид гэрэл гэгээт амьдралаар амьдарцгаах болно. Үүний эсрэг хэрэв бид Бурханы хийгээсэй гэсэн зүйлийг үл дагавал, дагаасай гэсэн зүйлийг үл дагавал, өөрсдөөсөө хөөн зайлуулаасай хэмээн зүйлсийг үл хөөн зайлуулвал эрхэм та зовлон зүдгүүрт харанхуйн амьдралаар амьдарцгаах болно. Тиймээс, Бурханы үгийг үл дагах аваас Сатаны удирдлагат нүгэлт харанхуйн амьдралд унах тул бид үргэлж Бурханы сургаалт амьдралаар амьдарцгаан гэрэл гэгээт амьдралаар амьдарцгаахыг эрмэлзэх хэрэгтэй.

Гэрэлт Амьдралаар Амьдарцгаахдаа Бурхантайгаа Сайн Нөхөрлөх

1 Иоханы 1:7-д, "Бурханы адил бид гэрэл гэгээт амьдралаар амьдарцгаах аваас бид бие биентэйгээ нөхөрлөлт байдлыг бий болгоцгооно" хэмээн дурдан хэлсэн байдаг ба бид гэрэл гэгээт байдлаар амьдарцгаасанаар л Бурханы нөхөрлөлийг хүлээн авах болно.

Эцэг хүн үр хүүхдүүдтэйгээ дотны сайхан нөхөрлөлийн холбоотой байдаг шиг бид сүнснүүдийн маань Эцэг болох Тэнгэрлэг Эцэгтэйгээ сайн нөхөрлөлтэй байх хэрэгтэй. Хэдий тийм ч гэсэн, бид Бурхантайгаа дотны сайхан нөхөрлөлтэй болохын тулд бид гэрэлт амьдралаар амьдарцгаан гэм нүгэлт амьдралаа орхицгоох хэрэгтэй. Тийм ч учраас, "Бид өөрсдийгөө Бурхантайгаа дотны холбоотой хэмээн яриад харанхуйн амьдралаар амьдарцгаах аваас энэ нь үнэн мөнийг эрхэмлэгч биш" хэмээн дурдан бичсэн байдаг. (1Иохан 1:6).

"Нөхөрлөл" гэдэг нь нэг талтай ойлголт биш юм. Нэг хүнийг таньдаг гээд л эрхэм та нөхөрлөлтэй болдоггүй. Хоёр тал бие бienээ танин мэдэцгээн, бие биентэйгээ уулзацгаан өөр хоорондоо дотносон дассаны дараа л "нөхөрлөлийг" үүсгэцгээдэг билээ.

Жишээлбэл, эрхэм та өөрийн орныхоо ерөнхийлөгч болон хааныг бүгд мэддэг. Хэдий сайн та тэр ерөнхийлөгчийнхөө тухай мэдэж байсан ч гэсэн эрхэм таныг ерөнхийлөгч чинь мэдэхгүй бол ямар ч найз нөхөрлөл та хоёрын дунд байхгүй байх билээ. Мөнтүүнчлэн, нөхөрлөл дотроо маш олон үе шатууд байдаг билээ. Дөнгөж саяхан танилцсан хүмүүс бие биентэйгээ мэндэллэх төдий байдаг бол урт удаан хугацааны турш хамтдаа байцгаан нөхөрлөл үүсэцгээсэн бол өөрийн нууц зүйлсээ хүртэл хуваалцан ярилцацгаадаг билээ.

Энэ нь Бурханы нөхөрлөлтэй бас адил юм. Бид Бурхантай чин үнэнч нөхөрлөлтэй болохын тулд Бурхан биднийг сайн мэдэх хэрэгтэй. Бурхан биднийг танидаг болтол Бурхандаа үйлчилсэн найрсаг нөхөрлөлтэй бол бид өвчин зовлонгүй болон сул дорой биш ба ямар ч үед Бурханаас хариулт авахгүй байх үе биднэнд тохиолдохгүй билээ. Бурханы биднийг өөрсдийнхөө чадлынхаа хирээр хичээцгээн хүнд зээлдүүлж байх ба хүнээс зээлэх биш болон сүүл биш толгой болж бай гэдэг шиг Бурханы бүх сургаалуудыг даган мөрдөцгөөхийг хүсч байдаг ба тэгсэн тохиолдолд бид үргэлж адислагдах болно хэмээн хэлсэн байдаг.

Итгэлийн Эцэг Өвгөдүүд Маань Бурхантай Хийсэн Чин

Үнэнч Нөхөрлөл

"Миний зүрх сэтгэл шиг адил хүн" (Үйлс 13:22) хэмээн дурдагддаг Давид нь Бурхантай ямар нөхөрлөлтэй байсан бэ? Давид Бурханаас айн эмээж үргэлж Түүнд найдан итгэдэг байв. Тэрбээр Саултай байлдахаар явахдаа нялх хүүхэд аавааса юм асууж шалгааж байдаг шиг байнга л Би хаашаа явах бэ? Би юу хийх вэ?" хэмээн асуудаг. Мөнтүүнчлэн, Бурхан Давид-д энгийн бөгөөд маш тодорхой хариултуудыг хэлж өгөн алдар гавъяаг байгуулахад нь тусалдаг билээ (2 Самиул 15:19-25).

Давид өөрийн гайхамшигт итгэлээрээ Бурхантай агуу гайхамшигт нөхөрлөлийг үүсгэсэн байсан тул Бурхантай агуу дотно найрсаг харьцаатай болсон юм. Жишээлбэл, Саул хааны үед Филестинчүүд Израйл руу дайран довтлодог. Филестинчуудыг Голиатиа хэмээх цэргийн удирдагч удирдан залж байсан ба Израйлчуудын цэргүүдийг доромжлон Бурханы нэрээр гутаадаг байв. Гэвч Израйлын нэгэн цэргийн хуарангаас Давид хэмээх нэртэй нэгэн залуу эр Голиатиатай тулалдахыг амлан гарч ирдэг. Давидад ямар ч зэвсэг байхгүй байсан зөвхөн таван гөлгөр чулуутай байсан ба Бурханд л итгэж байв. (1 Самиул 17). Давидын чулуудан шидсэн чулуу нь Голиатиагын яг духан дээр нь харван онуулсан байдаг. Голиатиаг тийнхүү үхэхэд нь түүний бүх цэргүүд нь хулчийн дарагдацгаан Израйлчууд ялалтыг байгуулцгаадаг билээ.

Тийнхүү агуу гайхамшигт итгэлтэй байсаны дагуу Давид нь "миний адил зүрх сэтгэлтэй хүн" хэмээн дурдан хэлсэн байдаг ба энэ нь яг л эцэг хүү хоёрын хоорондын агуу гайхамшигт нөхөрсөг дотно харьцаа шиг Давид Бурхантай харилцан холбоотой байдаг байв.

Библи дээр Бурхан бас Мосестэй нүүр нүүрээ харан ярилцдаг байсан хэмээн хэлсэн байдаг. Жишээлбэл, Мосес Бурханаас нүүр царайгаа үзүүлнэ үү хэмээн хүсэхэд Бурханы түүний хэлсэний дагуу хийдэг (Египетээс гарсан нь 33:18). Мосес хэрхэн Бурхантай тийнхүү ярилцах ойр дотно харьцаатай болж чадсан юм бэ?

Синай уулын орой дээр тэрбээр Израйлчуудыг Египетээс суллан чөлөөлсөний дараа тэрбээр дөч хоногын турш мацаг барин Бурхантай холбоотой байв. Мосесийг тийнхүү буцан хүрч ирэхэд нилээд урт хугацаа өнгөрсөний дараа түүний хүмүүс нь хий хоосон бурхад

шүтэцгээж эхэлдэг. Үүнийг хараад Бурхан Мосест Израйлчуудыг устгана хэмээн хэлэхэд Мосес тэднийг агуу гайхамшигт үндэстэн болгон хэмээн амлан хамгаалдаг билээ (Египетээс гарсан нь 32:10).

Мосес Бурханд, Шатаж буй хилэнгээсээ эргэж, "Өөрийн ард түмэнд хөнөөлт үйл учруулах санаагаа өөрчлөөч." хэмээн хэлдэг. (Египетээс гарсан нь 32:12). Дараагийн өдөр нь тэрбээр Бурханаас, Аяа, энэ ард түмэн аймшигт нүгэл үйлджээ. Тэд өөрсдөдөө алтан бурхан бүтээжээ. Хэрвээ одоо Та хүсвэл тэдний нүглийг уучлаач. Хэрвээ үгүй бол Та Өөрийнхөө бичсэн номоос намайг арилгаач! гэж гуйв. (Египетээс гарсан нь 32:31-32). Чин сэтгэлээсээ биднийг хайрлан хамгаалсан ямар агуу гайхамшигт залбирлууд вэ!

Цаашилан хэлбэл, Тооллогын 12:3-д, "Мосе гэгч хүн дэлхийн гадаргуу дээрх ямар ч хүнээс илүүгээр маш даруу байлаа." хэмээн хэлсэн байдаг. Тооллогын 12:7-д, "Миний зарц Мосегийн хувьд тийм биш бөгөөд тэр Миний бүхий л гэрт итгэмжит билээ." хэмээн дурдан хэлсэн байдаг. Энэрэнгүй өршөөлт санаат агуу их хайрын дээд Мосес нь Бурханы агуу гайхамшигт нөхөрлөлийг тийнхүү эдлэн эзэмшидэг билээ.

Гэрэл Гэгээт Амьдралаар Алхацгаадаг Хүмүүст Ирцгээх Адислалууд

Дэлхий ертөнцөд хүрч ирсэн Есүс нь дэлхий ертөнцөд тэнгэрийн хаант улсын чин үнэн мөнийг заан тунхаглан хорвоогийн аз жаргалыг дээдлэн тунхаглаж байсан билээ. Хэдий тийм ч гэсэн, муу ёрын сүнсийг даган биширцгээж байдаг хүмүүс нь гэрэл гэгээт амьдралыг тайлбарлан хэлж байгаа ч гэсэн ямар ч өөрчилөлт хийцгээдэггүй билээ. Тийнхүү түнэр харанхуйд алхацгаах хүмүүс нь гэмт амьдралаар амьдарцгаан авралыг хүлээн авцгаах биш харин ч устгалын замд тийнхүү орцгоодог билээ.

Сайхан сэтгэлт хүмүүс өөрсдийн гэм нүглийг ухааран ойлгоцгоон гэм нүглээсээ ангижиран үнэний гэрэл гэгээг өөрсдийн амьдралдаа оруулцгаадаг билээ. Ариун Сүнсний хүсэл зорилгыг даган мөрдөцгөөсөний дагуу өдөр тутам гэрэл гэгээг байнга хүлээн авцгааж байдаг билээ. Цэцэн мэргэн байдал нь

сургаалыг дагацгааж байдаг хүмүүст ямар ч дутагдах асуудал биш болдог ба Бурханы гэрэл гэгээг бий болгоцгоон Ариун Сүнсний агуу хүчит дуу хоолойг байнга сонсоцгоож байдаг билээ. Тэдний аж амьдрал нь улам сайхан болцгоож тэнгэрийн хаант улсаас адислал ухаарлыг хүлээн авцгааж байдаг билээ. Хэдий тэдний өдөр тутмын амьдрал нь ээдрээтэй хэцүү нөхцөл байдалтай байсан ч гэсэн тэд Ариун Сүнсний нөлөөтэйгөөр хүнд хүчир зүйлсээсээ болон өөрсдийн гэм нүглээсээ салан ангижирцгаан байдаг.

1 Коринтын 3:18-д, "Хэн ч өөрийгөө бүү мэхлэг. Хэрэв та нарын дунд хэн нэг нь энэ үед өөрийгөө мэргэн хэмээн боддог бол тэр хүн мэргэн болохын тулд мунхаг болог." хэмээн дурдан бичсэн байдаг ба дэлхий ертөнцийн цэцэн мэргэн нь Бурханы өмнө мунхагт тооцогддог билээ.

Мөнтүүнчлэн, Иакобын 3:17-д, "Харин дээрээс ирэгч мэргэн ухаан нь нэгд ариун, тэгээд амар тайван, элдэг, ул суурьтай, өршөөл ба сайн үр жимсээр дүүрэн, ялгаварладаггүй, хоёр нүүр гаргадаггүй аж." хэмээн хэлсэн байдаг. Ариусгалыг хүлээн авцгаасаны дараа бид гэрэл гэгээт амьдралаар амьдарцгаах аваас цэцэн мэргэн ухаан тэнгэрийн хаант улсаас байнга ирцгээж байдаг. Гэрэл гэгээт амьдралаар амьдарцгаах нь бидний аз жаргалгүй байгаа байдал маань асар түргэн аз жаргалтай байдлаар солигдон өөрчилөгдөн хэдий бидний амьдралд дутагдмал зүйлс олон байгаа мэт боловч үгүй мэт санагдацгаах болно.

Дагалдагч Пол Филипой 4:11-д, "Би үүнийг дутагдсаны улмаас ярьж байгаа юм биш. Учир нь би ямар ч нөхцөл байдалд байсан сэтгэл хангалуун байж сурсан юм." хэмээн дурдан бичсэн байдаг. Үүнтэй адил, бид гэрэл гэгээт амьдралаар амьдарцгаах аваас аз жаргал сайн сайхан болон амар амгалан бидний амьдралд бий болцгоож байдаг. Хүмүүстэй хэрэлдэн маргалдацгааж байдаг хүмүүс бусдадтайгаа эвтэй найртай энх тунх харилцацгааж байдаг билээ. Тэдний сэтгэл зүрх нь баяр баясгалан талархалаар бий болцгоон үргэлж л хайр энэрэлийн үгс амнаас нь гарцгааж байдаг болцгоодог.

Цаашилан хэлбэл, Бурханы ариун гэгээн гэрэлт амьдралаар амьдарцгаан Бурхантайгаа адилхан болцгоохыг хүсэн мөрдөцгөөхөд бид 3 Иоханы 1:2-д заасан шиг, "Хайрт минь, сэтгэл тань амар тайван байгаагийн адил бүх зүйл тань сайн сайхан байж, эрүүл энх байгаасай хэмээн би залбирч байна." хэмээн дурдсан байдаг шиг Бурханы гэрэл гэгээт хүч чадал шиг агуу их хүч чадал, эрх мэдэл болон бүх зүйлсийг хүлээн авах агуу гайхамшигт элбэг дэлбэгийн гайхамшигт адислалуудыг хүлээн авцгаах болно.

Пол Их Эзэнтэй холбоотой болон гэрэл гэгээт амьдралаар амьдарцгааж байхад Бурхан түүнд Харийнханд үзүүлж байсан шиг агуу гайхамшигт хүч чадлуудыг үзүүлсэн байдаг. Үйлсийн 6:8, Есүсийн дагалдагч биш байсан Степан болон Филиппээр Бурхан агуу гайхамшигт үйлсүүдээ явуулсаар байсан билээ. Үйлсийн 8:6-7-д, "Хурсан олон Филипийн үйлдэж байсан тэмдгүүдийг харж, түүнийг сонсож, санал нэгтэйгээр яриаг нь анхааран чагнаж байлаа. Учир нь бузар сүнсэнд эзлэгдсэн олон хүмүүсээс тэдгээр нь зайлахдаа чанга дуугаар хашхиран гарч байлаа. Саа өвчтэй болон доголон олон хүмүүс эдгэрч байв." хэмээн дурдан бичсэн байдаг.

Их Эзэний гэрэл гэгээт амьдралын замаар дагнан алхсаны дагуу Бурханы агуу гайхамшигт хүч чадлыг илэрхийлэх чадалтай болдог. Бурханы хүч чадлыг үзүүлж чаддаг байсан хүмүүс маш цөөхөн байдаг байсан билээ. Гэвч, тэдгээр хүмүүс нь өөр өөр Бурханы агуу гайхамшигт хүч чадлуудыг илэрхийлэн үзүүлж байсан ч гэсэн Бурханы агуу гайхамшигт гэрэл гэгээ мэт хүч чадлыг гэрчилэн үзүүлцгээж байсан билээ.

Гэрэл Гэгээт Амьдралаар Би Амьдарч Байгаа Юу?

Гэрэл гэгээн амьдралаар бид хэрхэн амьдарцгааж байгаа ч гэсэн Бурханы агуу гайхамшигт хүч чадлыг хүлээн авч илэрхийлэх хүч чадалтай болохын тулд бид өөрсдөөсөө, Би гэрэл гэгээт амьдралаар амьдарч байгаа юу? хэмээн асууцгаах хэрэгтэй байдаг.

Хэдий эрхэм танд ямар нэгэн проблем байхгүй ч гэсэн эрхэм та өөрийнхөө амьдралыг сайтар хянан шалган Христийн чин үнэнч дагалдагч эсвэл Ариун Сүнс гэгч зүйлээр удирдуулж эсвэл тэр тухай сонсоогүй эсэхээ ухааран бодох хэрэгтэй. Хэрэв эрхэм та сүнсний үхэлтэй тулгарцгааж байсан бол өөрсдийгөө сүнсний үхмэл байдлаас гаргах хэрэгтэй.

Хэдий эрхэм та өөрийн зарим нэгэн гэм нүглээ өөрөөсөө устган өөрчилж чадсан ч гэсэн өөрсдөндөө бүү бардан зогс. Залуу хүүхдүүд насанд хүрсэн хүн шиг болох гэж байнга хүсэн тэмүүлэн байдаг шиг итгэлийн өвөг дээдсүүд шигээ итгэлийн дээдийг хүлээн авахыг оролдон хичээцгээх хэрэгтэй. Бурхантай байнга холбоо тогтоон агуу гайхамшигт нөхөрлөлтэй болохыг байнга оролдох хэрэгтэй билээ.

Ариусгалыг эрхэмлэн мөрдөх авааc эрхэм та өчүүхэн жижиг хорон муу санааг өөрөөсөө хөөн зайлуулах хэрэгтэй.

Хичнээн их хэмжээний эрх мэдэлтэй байна төдий чинээ хүч чадалтай байх ба үргэлж өөрийгөө биш бусдын тусын тулд үйлчлэх хэрэгтэй. Бусад хүмүүс эрхэм таныг муулан эсвэл бурууг тань онцлон хэлэх үед эрхэм та шүүмжлэлийг сайнаар хүлээн авч сурах хэрэгтэй. Уурлан уцаарлан эсвэл гомдон хүлээн авсан өөрийгөө сүмээс болон Бурханаасаа холдуулахын оронд өөрийн амьдралдаа энэрэл хайр болон сайн сайханаар хүлээн авах хэрэгтэй. Хэн нэгэнд уурлах биш мөн хэн нэгнийг бүү ялгуурлан гадуурх. Хэн нэгнийг өөрийн амар амгалан төлөв амарын төлөө бусдыг буруутган энх тунхыг бүү бусниул.

Сул дорой, залуу балчир болон ядуу зүдүү хүмүүст маш их хайр энэрэлийг үзүүлж байдаг билээ. Эцэг эхчүүд өвчтэй байгаа үр хүүхдийнхээ төлөө эрүүл байгаа хүүхдүүдээсээ илүүтэйгээр санаа зовон арчилж хамгаалж байдаг шиг өвчин зовлонтой, ядуу зүдүү хүмүүст чин сэтгэлийнхээ угаас аль болох тусалж байдаг билээ. Гэрэл гэгээт амьдралаар амьдарцгааж байгаа хүмүүс гэм нүгэл үйлдэцгээсэн хүмүүсийн төлөө залбиран тэднийг уучилан бусдад илчлэх биш харин ч нууцлан туслах хэрэгтэй.

Бурханы агуу гайхамшигт үйлийг хийж байхдаа эрхэм та өөрийгөө түвийлгэн дэвэргэж бардамлах хэрэггүй харин ч бусдын хүч чадал болон авъяас билгийн тусын тулд талархан магтах хэрэгтэй билээ. Ингэснээрээ эрхэм та улам их аз жаргалтай баяр баясгалантай болох билээ.

Их Эзэний зүрх сэтгэлийг даган мөрдөцгөөн Бурханы хайр энэрэлийг дуурайн байцгааж байгаа хүмүүсийг хараад Бурхан ямар их баяртай байх вэ? Еноктой Бурхан 300 жил хамт байсан шиг Бурхан Түүний хүүхдүүдтэй бас хамт байцгаах болно. Мөнтүүнчлэн, тэдэнд зөвхөн эрүүл саруул байдал ч биш тэдний амьдралд эд баялаг болон Түүний агуу гайхамшигт хүч чадлыг өгөн Түүний агуу гайхамшигт дагалдагчаа болгодог.

Тиймээс, эрхэм та өөрийнхөө итгэл найдварыг болон Бурханаа хайрлах хайр энэрэлээ эргэн тунгаан бодоцгоон, гэрэл гэгээт амьдралаар амьдарцгаан хайр энэрэлийг бий болгох аваас Түүний хайр болон нөхөрлөлийг хүлээн аван аз жаргалтай сайхан амьдралаар амьдраасай хэмээн Их Эзэний нэрийн өмнөөс залбиран гуйж байна!

Сайн Мэдээ 5
Гэрэл Гэгээний Хүч Чадал

1 Иохан 1:5

Бурхан бол гэрэл, мөн
Түүний дотор харанхуй огт байхгүй
гэдэг нь бидний Түүнээс
сонссон мэдээ бөгөөд
та нарт тунхаглаж байна.

Библийн сургаал дээр Бурханы Хүү Есүсийн Бурханы хүчээр агуу гайхамшигт аврал эдгэрлийг бий болгон тусалж байсан тухай олонтаа дурдсан байдаг. Есүс тушаан хэлэхэд л өвчин зовлон болон гай гамшигт зүйлс болон халдварт өвчинүүд үтэр түргэн алга болдог билээ.

Хараагүй хүн хараатай болж, хэлгүй нэг нь хэлтэй болж, сонсголгүй нэг нь сонсголтой болдог. Хатгир гартай хүний гар нь тэнийн эдгэрч, доголон нэг нь хөлтэй болдог ба саа өвчтэй хүн эдгэрэн сайжирсан байдаг. Мөнтүүнчлэн, чөтгөрийн сүнсийг зайлуулах болон нас барсан хүнийг хүртэл амилуулан аварсан байдаг.

Эдгээр агуу гайхамшигт хүч чадлууд нь зөвхөн Есүсээр ч биш Хуучин болон Шинэ Гэрээний бошиглогч зарлагуудаар бас үзүүлэгдэн биелэгдсэн байдаг. Мэдээж Есүсийн хийж үзүүлсэн агуу олон гайхамшигууд нь дагалдагч болон бошиглогч нарын хийсэнтэй эн зүйрлүүшгүй юм. Хэдий тийм ч гэсэн, Есүс Түүнийг дуурайн дагаж байгаа шударга ариун хүмүүст хүч чадлыг өгөн агуу гайхамшигуудыг бий болгож байсан билээ. Их Эзэний нарийн бөгөөд дардан замаар алхан явсаны дагуу Стефан болон Филипп нар Бурханы агуу гайхамшигуудыг хийж бүтээх чадалыг авцгаасан байдаг.

Дагалдагч Пол Агуу Гайхамшигыг Хийж Бүтээж Байсан ба Бурхан Мэт Тооцогддог Байв

Шинэ Гэрээн дээр дурдагддаг Дагалдагч Пол нь Есүс Христийн хүч чадлын дараах эн зэрэгт тооцогддог билээ. Тэрбээр сургаал номлол мэддэггүй байсан харийнханд Бурханы сургаал номлолыг заан тунхагладаг байсан ба агуу гайхамшигт адислалуудыг үзүүлдэг байв. Эдгээр гайхамшигт адислалуудыг дагуу Пол нь Бурханы хүч чадал алдар сууг гэрчилэн үзүүлдэг байв.

Хий хоосон бурхад шүтэн худал хуурмаг шастир үйлдэгчид олонтаа байсан тэдгээр хүмүүс нь хүмүүсийн оюун ухааныг мухардуулах болон буруу ойлголтоор дүүргэдэг байлаа. Тийм хүмүүсийн дунд орцгоон худал хуурамч сургаал номлолыг илчилэн Бурханы хүчийг үзүүлэн оролдох нь маш хүнд хүчир байсан билээ (Ром 15:18-19).

Үйлсийн 14:8 дээр дагалдагч Пол Лустра хэмээх нэгэн газар Бурханы сургаал номлолыг заан тунхаглаж байв. Тэнд байхдаа Пол нэгэн насан туршдаа тахир дутуу болон хэвтэрт байдаг байсан нэгэн хүнд, "Босоод яв" хэмээн тушаахад тэр хүн босоод явдаг билээ (Үйлс 14:10). "Үүнийг харцгаасан хүмүүс гайхаширан, Бурхад хүн төрхөнд орон бидний дунд хүрч ирцгээсэн байна" хэмээн хэлцгээж байв (Үйлс 14:11).

Үйлсийн 28-д дагалдагч Пол түүний усан зав нь эвдэрсэнээс болж Малта хэмээх нэгэн хотод ирдэг. Паул хэсэг гишүү авчирч галд нэмэхэд, галын халуунаас болж тэдгээрийн дундаас нэгэн хорт могой гарч ирээд түүний гарыг хатгачихав. Гэтэл Паул өөрөө яасан ч үгүй, харин могойг авч галд хаяв. Хүмүүс түүнийг хавагнах, эсвэл газар гэнэт хөсөр унаж үхэхийг нь хүлээж байлаа. Удтал хүлээсний эцэст тэд түүнд ямар ч сонин хачин юм тохиолдохгүй байхыг хараад, бодлоо өөрчилж түүнийг "бурхан" байж хэмээн ярьж эхлэв (шүлэг 6).

Дагалдагч Пол нь Бурханы нүдээр үнэхээр гайхамшигт зөв зохист хүн байдаг байсан ба тэрбээр Түүний гайхамшигт адислалуудыг хүмүүст "бурхан" мэт санагдтал үзүүлж байв.

Гэрэл Гэгээт Бурханы Хүч Чадал

Бурханы хүч чадал нь хэн нэгний хүссэнээс болж өгөгдөх биш харин Бурханыг дуурайн амьдарцгаасан мөн ариусгалыг бий болгосон хүмүүст олгогддог билээ. Өнөө үед ч гэсэн Бурхан хүүхдүүд дундаасаа шигшин хайж Түүний агуу гайхамшигт хүч чадлуудыг өгч байдаг ба Бурханы алдар сууг бадраах дагалдагчаа бэлтгэж байдаг билээ. Тийм ч учраас Маркын 16:20-д,"Тэд явж, газар сайгүй тунхаглажээ.

Эзэн тэдэнтэй хамт ажиллаж, үгийг дагалдах тэмдгүүдээр баталж өгчээ." хэмээн хэлсэн байдаг. Есүс

Иоханы 4:48-д хэлэхдээ, "Хүмүүс дагалдах тэмдэгүүд болон гайхамшигуудыг үзэхээс нааш итгэхгүй" хэмээн хэлсэн байдаг.

Маш олон хүмүүсийг авралын замд нь оруулахад туслахад тэнгэрийн хаант улсын хүч чадлыг хүлээн авч амьд Бурханыг батладаг. Нүгэл гэм хаа хамаагүй болсон энэ нүгэлт ертөнцөд үзүүлэх тэмдэг гайхамшигууд маш их хэрэгтэй байдаг.

Бурхан Тэнгэрлэг Эцэгтэйгээ адил нэгэн болж гэрэл гэгээт амьдралаар амьдрах нь Есүсийн агуу гайхамшигт хүч чадлыг батлан үзүүлдэг билээ. Тийм ч учраас Бурхан бидэнд "Үнэнээр, үнэнээр Би та нарт хэлье. Надад итгэдэг хүн Миний хийдэг ажлуудыг бас хийх бөгөөд эдгээрээс агуу ажлуудыг ч хийх болно. Яагаад гэвэл Би Эцэгтээ очно." (Иохан 14:12).

Бурхан л хийж чадах агуу гайхамшигт зүйлсийг хараад хүмүүс сүнслэг ертөнцийн агуу гайхамшиг ба тэдгээрийг хийгч хүнийг Бурханд тооцдог байв. Дуулалын 62:11-д, "Бурхан нэг удаа айлдсан. Хүч чадал бол Бурханых гэдгийг би хоёр удаа сонссон." хэмээн бичсэн байдаг ба муу ёрын сүнс Сатан нь Бурханд л оршдог тийм агуу гайхамшигыг бий болгох боломжтүй байдаг билээ. Мэдээж тэдэнд агуу гайхамшигт хүчийг эсэргүүцэн үзүүлэх хүч чадалтай байдаг. Нэг гол баримт зүйл нь Бурханы амь нас болон үхэл хагацал, адислал хараал, болон хүн төрөлхтөний түүх болон хумхын тооснoос хүн бий болсон гэх зэрэг агуу гайхамшигт хүчийг зөвхөн Бурханд л байдаг. Тэрхүү агуу хүч нь гэрэл гэгээт Бурхан болон Есүс Христ болон Түүний итгэл найдварыг хүлээн авсан агуу их ариусгалыг хүлээсэн хүмүүс л үйлдэцгээдэг билээ.

Бурханы Эрх Мэдэл, Чадавхи болон Хүч Чадал

Зарим хүмүүс Бурханы чадавхийг дурдах үедээ эрх мэдэл болон хүч чадалтай адилтган ойлгожо байдаг боловч энэ гурвын дунд маш өөр өөр ойлголтууд байдаг билээ.

"Чадахи" нь итгэлийн хүч чадал ба хүний хийж бүтээж чадахгүйг Бурхан хийж чадах зүйл юм. Эрх мэдэл гэдэг нь агуу гайхамшигт хүч чадалт Бурханы бүтээсэн хүч ба сүнслэг ертөнцийн ойлголтоор гэм нүгэлгүй байх байдлыг хэлж байгаа билээ. Өөрөөр хэлбэл, эрх мэдэл гэдэг нь ариусгал ба ариусгалыг хүлээн авсан Бурханы хүүхдүүд нь гэм нүглээсээ бүрэн дүүрэн ангижирцгаан сүнслэг эрх мэдлийг хүлээн авахыг хэлж байгаа билээ.

Тэгвэл "хүч чадал" гэдэг нь юу юм бэ? Бурханы нэрийн

өмнөөс үйлчилэх чадавхи ба бүх гэм нүглээсээ ангижирсан тохиолдолд өгөгддөг билээ.

Жишээлбэл, жолооч машин барих чадавхитай байдаг байхад замын цагдаа замын хөдөлгөөнийг зохицуулан замын дүрэм зөрчсөн унаа тэргийг зогсоох эрх мэдэлтэй билээ. Энэ хурд хэтрүүлж байгаа болон замын хөдөлгөөний дүрмийг зөрчиж байгаа унаа тэргийг зохицуулан зогсоох эрхийг тус цагдаад засгийн газрын тусгай албанаас олгосон байдаг билээ. Тиймээс, жолоочид жолоо барих "чадавхи" байдаг ба замын цагдаа мэт эрх мэдлийн зан гаргахад бусад жолооч нар үүнийг үл тоомсорлох нь хэвийн хэрэг юм.

Тийм ч учраас эрх мэдэл болон чадавхи нь нэг нэгнээсээ ялгаатай байдаг ба эрх мэдэл чадавхи нь нэгдсэн тохиолдолд бид хүч чадал хэмээн нэрлэдэг ббилээ. Матайгын 10:1-д, "Есүс арван хоёр шавиа дуудаад, тэдэнд бузар сүнснүүдийг захирах эрх мэдлийг өгсөн нь сүнснүүдийг зайлуулах, бүх төрлийн өвчин эмгэгийг эдгээхийн тулд ажээ." хэмээн хэлдэг билээ.

"Хүч чадал" нь муу ёрын сүнснүүдийг хөөн зайлуулах эрх мэдэл болон ямар ч өвчин зовлонг анагаан эдгээх чадавхитай байдаг.

Эдгээлтийн Бэлэг болон Хүчний Ялгаа

Бурханы хүч чадлыг үл мэдэх хүмүүс ихэвчлэн эдгээлтийн бэлэгтэй адилтган зүйрлэсэн байдаг. 1 Коринтын 12:9-д хэлэхдээ халуун дулаан эрчит вирусны өвчин хөндүүрийг устган тэмцэгч хэмээн дүгнэн хэлсэн байдаг. Хэлгүй дүлий байдлыг эдгээж чаддаггүй байдаг ба яагаад гэвэл бие махбодийн хэсэг нь үхэж үрэгдсэн байдаг тул. Тэдгээр бие махбодийн үхэлд орсон хэсгүүд нь зөвхөн Бурханы хүч болон Түүнд итгэн залбирсан залбирлаар л эдгэрэн бий болдог билээ. Бурханы хүч чадал нь байнга болон хэзээд л тохиолдож байдаг бол эдгээлтийн бэлэг нь дандаа тохиолдож байдаггүй билээ.

Нөгөөтэйгүүр, Бурханы хүч чадлыг зүрх сэтгэлийн ариусгалыг хүлээн авсан хүн л олж авдаг ба өгөгдсөний дараа тэр хүч нь устах эсвэл сулдан алдардаггүй болон өөрийн тусын тулд биш бусдын тусын тулд л үйлчилэгддэг билээ.

Бурханыг хэдий чинээ дуурайн дагана төдий чинээ өндөр зэрэглэлийн хүч чадлыг эзэмшин авдаг билээ. Их Эзэний зүрх сэтгэлтэй адил болон өөрсдийгөө ариусгасан хүмүүс Есүс Христийн эзэмшиж байсан шиг агуу гайхамшигт хүчүүдийг хүлээн авах боломжтой байдаг билээ.

Бурханы хүчүүд хэрхэн илэрхийлэгдэж байгаагаараа өөр

өөр байдаг. Эдгэрэлтийн бэлэгтэй хүмүүс нь ноцтой болон хүнд хүчир өвчин зовлонтой хүмүүсийг эдгээн анагаахад маш хүнд байдаг юм. Хэдий тийм ч гэсэн, гэрэл гэгээт Бурханд ямар ч бүтэшгүй зүйл гэж байхгүй билээ. Өвчтөн ямар ч өчүүхэн итгэлтэй байсан ч гэсэн Бурханы хүчээр үтэр түргэн хугацаанд эдгээн анагаах боломжтой байдаг. Энд "итгэл" хэмээн дурдагдаж байгаа зүйл нь сүнслэг итгэлийг хэлж байгаа ба чин сэтгэлийнхээ угаас итгэлтэй байхыг хэлж байгаа билээ.

Гэрэл Гэгээт Бурханы Хүч Чадлын Дөрвөн Төвшингүүд

Есүс Христ нь өчигдөр болон өнөөдөр ч адил байдаг ба Бурханы нүдэнд чин үнэнч хүн болгонг сонгон Түүний агуу гайхамшигт хүчийг өгч байдаг билээ.

Бурханы хүчийг илэрхийлэх маш олон төвшингүүд байдаг. Ариун сүнслэг байдлаар хэрхэн амьдарна төдий чинээ агуу гайхамшигт хүч чадлыг хүлээн авах болно. Сүнслэг ертөнцийн амьдралаар амьдарцгаадаг хүмүүс Бурханы хүч чадлын өөр өөр төвшинг гэрэл гэгээний тусгалаар нарийн сайн харж олж харцгаадаг билээ. Бурханы хүч чадлыг илэрхийлэх дөрвөн төвшингүүд байдаг билээ.

"Өдөр шөнөгүй нулимсаа урсгавч, би
Өөдөөс минь ДОХ-той хүүхэд
гэж хүмүүс харахад
Өр зүрх минь улам бүр эмтэрдэг юм.'"

Их Эзэн намайг Өөрийн хүчээр эмчилж
Инээд хөөр гэрийнхэнд минь бэлэглэсэн.
Ингээд одоо би туйлаас жаргалтай байна!

ДОХ-с эдгэрсэн Гандурасын
Естебан Жунинка

Бурханы хүч чадлыг илэрхийлэх хүчний анхны төвшин нь галт Ариун Сүнсний улаан өнгө юм.

Ариун Сүнсний гал нь Бурханы хүчийн анхны төвшин ба тус хүчээр халдвар, вирус, чихрийн шижингэ, цусны халдвар, бөөрний халдвар, үе мөчний өвчин, зүрхний өвчин болон ДОХ-ын өвчилөлтүүдийг галдан шатаан устгадаг билээ. Анхны төвшингийн хүч чадлаар бүх авчин зовлонгууд эдгэрэн илааршина гэсэн үг биш

юм. Бурханы заан тунхагласан зарлиг тушаалуудыг зөрчин хүнд хүчир өвчин зоблон буюу хорт хавдар туссан эцсийн шатан дээр бий болсон энэ төвшингийн хүч чадал нь ямар ч тус нэмэр болохгүй билээ.

Бэртэж гэмтсэн эсвэл үйл ажиллгаагаа гүйцэтгэж чадахгүй болсон эрхтэнтэй хүнийг эмчилэн анагаан дахин шинэ эрхтэнтэй болгохын тулд агуу гайхамшигт хүч чадал хэрэгтэй билээ.

Энэ мөчид байгаа өвчтөн болон түүний гэр бүлийнхэний итгэл найдвар нь хүртэл Бурханы хайр энэрэл болон хүч чадал нь Түүний агуу гайхамшигыг илэрхийлэх болно.

Манмин Төв Сүмийг анх бий болгосон цаг мөчөөс хойш манай сүм дээр анхны төвшингийн агуу гайхамшигт үзэгдлүүд биелэлээ олсоор байсан билээ. Бурханы үгийг хүмүүс даган мөрдөцгөөсөний дараа өвчтэй зовлонтой

" Асах гэрлийг би харлаа...
Арван дөрвөн жилийн урт хонгилоос
Арайхийж эцэст нь би гарлаа...
Өөртөө буужс өгч байсан ч би
Их Эзэний ивээлт хүчээр
Эргэн бас төрсөн билээ!"

14 жил шүглэсэн чөтгөрөөс ангижирсан
Пакистаны Шама Масаз

хүмүүс өвчин зовлонгоосоо ангижиран илааршицгаадаг билээ.

Маш олон хүмүүс надтай гар бариад эсвэл миний хувцсанд хүрээд, эдгэрэл адислалын алчуурт хүрээд, автомат утасны залбиралыг сонсоод эсвэл өвчтөн хүмүүсийн зурганд залбирал үйлдээд эдгэрэл адислалуудыг хүлээн авцгаадаг билээ.

Анхны шатны хүч чадал нь Ариун Сүнсний галаар бохир зүйлсийг устган үгүйрүүлж байдаг билээ. Түр зуур ч гэсэн хэн нэгэн нь залбиран чин сэтгэлээсээ хүссэн тохиолдолд Ариун Сүнсээр адислагдан Бурханы агуу гайхамшигт зүйлсийг бий болгох боломжтой байдаг. Гэвч, энэ нь байнгынх биш зөвхөн түр зуурынх ба Бурханы үйлсийг зохицох учиртай билээ.

Бурханы хүчийн хоёрдугаар төвшингийн илэрхийлэлт нь хөх гэрлээр илэрхийлэгддэг.

Малахи 4:2-д, "Гэвч Миний нэрээс эмээгч та нарын төлөө зөв шударгын нар мандах бөгөөд түүний гэрэл эдгээх туяагаар гийгүүлнэ. Та нар урагш явж, хашаанаас гарсан тугалууд мэт харайлгах болно." хэмээн дурдан бичсэн байдаг. Сүнслэг мэдрэмжтэй байдаг хүмүүс өөрсдийнхөө мэлмийгээрээ эдгэрэлтийн үед лазерын туяа мэт гэрэл гэгээ гийж байгаа мэт хардаг билээ.

Хоёрдугаар төвшингийн хүч чадал нь хар буруйг болон чөтгөрийн шүглээ, Сатаны удирдлага болон хорон муу сүнсийг хөөн зайлуулдаг билээ. Муу ёрын сүнснүүд аутизм, мэдрэлийн өвчилөлт болон ер бус өвчлөлтүүдийг хүн төрөлхтөнд бий болгодог ба хоёрдугаар төвшингийн хүч чадлаар эдгээрийг эдгээн илааршуулж чаддаг билээ.

Эдгээр өвчин зовлонгуудыг "бид үргэлж баяр баясгалантай" болон "талархалтайгаар хүлээцтэй хандсанаараа" устган үгүй болгож чаддаг. Үргэлж баяр баясгалантай талархалтай байхын оронд, уурлан ундууцан уур хилэнтэй байх аваас бусдыг үзэн ядах, хорон муу санааг оюун ухаандаа бий болгох, юманд амархан уурлах зэргээс болж улам хүндээр өвчилөн шаналдаг. Хүнийг мөхөөн оюун ухаан болон сэтгэл санаагаар эзэмдэн авсан тэрхүү Сатаны сүнснүүдийг өөрсдөөсөө хөөн зайлуулсанаар эдгэрэн эрүүл саруул болцгоодог билээ.

Заримдаа Бурханы хоёрдугаар төвшингийн хүч чадлаар бие махбодийн өвчлөлтүүдийг эдгээн анагаах боломжтой байдаг. Муу ёрын сүнснүүдийн бий болгосон эдгээр өвчилөлтүүдийг Бурханы хоёрдугаар төвшингийн хүч чадлаар эдгээн анагаах боломжтой байдаг билээ. "Өвчин зовлонтой" хэмээн дурдаж байгаа зүйл нь бие махбодийн аль нэг хэсэг нь устан үгүй болсон, эсвэл сонсголгүй, хэлгүй, эрэмдэг зэрэмдэг, хараагүй гэх зэрэг зүйлсүүд орно.

Маркын 9:14-д Есүс "нэгэн сонгсолгүй болон хэлгүй хүүг адислан анагаасан байдаг" (шүлэг 25). Тэр хүү нь муу ёрын сүнс түүндшүглэсэн байсан тул хэлгүй дүлий болсон байлаа. Есүс муу ёрын сүнснүүдийг хөөн зайлуулахад тэр хүү асар түргэн хугацаанд эдгэрдэг билээ. Үүнтэй адил, өвчин зовлон болон гай гамшигын эх үүсвэр нь муу ёрын сүнс байх аваас тус өвчтөнгийн муу ёрын сүнсийг хамгийн түрүүнд хөөн зайлуулах хэрэгтэй байдаг билээ.

Сэтгэлийн хямралаас болж хоол боловсруулах эрхтэн нь өвдөж байгаа хүн байвал Сатаны хорон муу сүнсийг тэр хүнээс хөөн зайлуулах хэрэгтэй. Саа өвчин болон үе мөчний өвчилөлтүүдэд бас муу ёрын сүнснүүд шүглэн орсоноос болсон байдаг. Зарим тохиолдолд эмнэлгийн анагаах ухаанаар оношилогдож чадаагүй ч бие махбодь нь байнга өвдөж зовиурлаж байдаг тохиолдолууд олонтаа байдаг. Ийм нөхцөл байдалд байгаа хүмүүсийн тусын тулд би залбирал үйлдэхэд сүнслэг мэлмийтэй хүмүүс муу ёрын сүнсийг зайлан зугтаж байгааг харж чаддаг билээ.

Өвчин зовлонд үүрлэж байдаг муу ёрын сүнсний хүч чадлуудыг Бурханы хоёрдугаар төвшингийн хүч чадал нь хөөн зайлуулахаас гадна бидний гэр орон, ажил төрөл болон эрхэлсэн ажилд байгаа зүйлсийг хүртэл адислан хамгаалж байдаг билээ. Бурханы хоёрдугаар хүч чадалтай нэгэн хүн

Настай Кени эмэгтэй индэр дээрээс залбирал хүлээн авсны дараа л явж чаддаг болсон

гэр орон, ажил төрөл болон эрхэлсэн ажилдаа ямар нэгэн хүнд хүчир зүйлстэй тулгарч байгаа газарт айлчилан очиж муу ёрын сүнсийг хөөн зайлуулан адислал авралыг бий болгосоноор амжилт бүтээлийг эргэн дуудан ирүүлдэг билээ.

Бурханы хоёрдугаар хүч чадал нь Бурханы хүслийн дагуу байх аваас хэн нэгнийг эргэн амьдруулах эсвэл хүний амийг авах боломжтой байдаг. Энд дурдах түүх нь энэ зүйрлэлтэй тохирох юм. Дагалдагч Пол Еутичус хэмээх нэгэн хүнийг амилуулсан байдаг (Үйлс 20:9-12); Ананиас болон Саффирагын дагалдагч Петрийн урвалтаас болж тэдний үхэл нь тэдэнд ирдэг (Үйлс 5:1-11); ба Елишагын хүүхдүүдийг хараахад тэднийг үхэл дайран ирдэг (Хаадын Дэд 2:23-24).

Хэдий тийм ч гэсэн, Есүсийн болон Түүний дагалдагч нар Пол, Петр болон зарлага Елиша нарын хооронд маш олон ялгаатай зүйлс бий. Мэдээж Бурхан болон Их Эзэнд л хүний амийг өгөх болон авах л эрхтэй байдаг. Гэвч, Есүс болон Бурхан нь нэгдмэл нэг хүн ба Бурхан юу хүснэ түүнийг Есүс бас хүсдэг билээ. Тийм ч учраас Есүс Бурханы үгийг дурдан үхсэн хүнийг амьдруулдаг (Иохан 11:43-44) ба бусад дагалдагч болон зарлагууд нь Бурханаас Түүний зөвшөөрлийг асуун лавладаг билээ.

Бурханы гуравдугаар төвшингийн хүч чадал нь цагаан буюу өнгөгүй гэрлээр болон өөр олон бусад

"Хааяагүй түлэгдсэн биеэ би
Харахыг ч хүсдэггүй байсан...

Ганцаархнаа байж байхад минь
Над уруу Тэр хүрч ирээд
Гараа Тэр сунгаж
Намайг дэргэдээ аслаа...

Хайраа Тэр надад зориулснаар
Халуун амь би хүлээн авсан...
Их Эзэний төлөө хийж чадахгүй
Нэгээхэн зүйл ч байна уу надад?"

Толгойноос өлмий
хүртэлх гуравдугаар
зэргийн түлэнхий нь эдгэрсэн
настан Зэрэгтэн Юндюк Ким

илэрхийлэлтүүдээр илэрхийлэгддэг билээ.

Гэрэл гэгээт Бурханы гуравдугаар төвшингийн хүч чадал нь маш олон төрлийн тэмдэгүүдээр илэрхийлэгддэг билээ. Энд тэмдэгүүд хэмээн дурдагдаж байгаа зүйлс нь хараагүй хүн нь хараатай болж, хэлгүй хүн нь хэлтэй болж, дүлий нэгэн нь сонсголтой болохыг хэлж байгаа билээ. Доголон хүн нь хөлд орон алхаж чаддаг болж, богино байсан хөл нь уртасаж төрөлхийн тархины өвчилөлтэй болон саа өвчтэй хүмүүс нь эдгэрэн адислагддаг билээ. Төрөлхийн гаж эрхтэнтэй эсвэл дутуу бойжилттой байсан эрхтэнүүд хүртэл урган гарч байдаг. Үйрэн бутарсан яс үе мөчүүд эргэн хуралдан бороолж богино хэл нь уртасаж, дутуу байсан яс бий болж булчин шөрмөсүүд нь эвлэн нийлцгээдэг билээ. Мөнтүүнчлэн, нэгдүгээр хоёрдугаар болон гуравдугаар төвшингүүдийн Бурханы хүчүүд нь бүгд л өвчин зовлонг үтэр түргэн хугацаанд эдгээн анагааж байдаг билээ.

Хэдий хөлийн хуруунаасаа толгой хүртэл түлэгдсэн байсан, бие махбодь нь шалз халуун усанд түлэгдсэн байсан ч гэсэн Бурхан бүгдийг шинээр бий болгох чадалтай билээ. Юунаас биш байдлаас бүх зүйлсийг бүтээн бий болгох чадалтай Бурхан машин тоног эд зүйлс ч байтугай хүний бие махбодийг ч хүртэл эдгээн бий болгох чадалтай билээ.

Манмин Төв Сүм дээр алчуурт залбирал болон автомат

утасны мэдээлэлээр бие махбодийн үйл ажиллагаагаа алдсан дотоод эрхтэнүүд ч эргэн хэвийн үйл ажиллагаатай болон эдгэрсэн олонтаа тохиолдолууд байсан билээ. Харгис хэрцгий хадлагаас болж бэртэж гэмтсэн уушиг болон бөөрнүүд нь Бурханы гуравдугаар төвшиний хүч чадлаар эдгэрэн илааршсан байдаг ба Бурханы агуу хүч чадал алдар суу биелэгдсээр байдаг билээ.

Энд нэг зүйл маш сайн нарийн ялгагдах хэрэгтэй. Нэг талаар үйл ажиллагаагаа алдсан байсан эрхтэнийг Бурханы нэгдүгээр төвшингийн хүчээр бий болгодсон байдаг боловч Бурханы гуравдугаар төвшингийн хүчээр эргэн бүрэн бүтэн болон үйл ажиллагаагаа явуулах байдалд ордог билээ.

Бурханы дөрөвдүгээр төвшингийн хүч чадал нь алтан шаргал өнгөтэй байдаг ба энэ нь хүч чадлын агуу гайхамшигын үр жимс юм.

Есүсийн эзэмшиж байсан энэхүү агуу гайхамшигт хүч чадал нь бүх зүйлсийг удирдан эзэгнэх, цаг агаар болон ямар нэгэн зүйлсийг захиран тушаах агуу хүчтэй байдаг билээ. Матайгын 21:19-д Есүс инжир модыг хараахад тэр мод хувхайран хатсан байдаг. Матайгын 8:23-д далайн хар хуй салхийг намжаан саатахыг тушаахад тийнхүү нам тайван болдог. Байгалийн эд зүйлс болон тэнгис далай хүртэл Есүсийн тушаасаны дагуу дуулгавартай сайхан дагадаг билээ.

Есүс Петр-д усны гүнд тороо тавь хэмээн хэлэхэд Петр Түүний хэлсэнийг дагахад тороо даахааргүй их хэмжээний загаснуудыг барьдаг билээ (Лук 5:4-6). Өөр нэгэн үед Есүс Петр-д, "Гэвч бид тэднийг гомдоохгүйн тулд чи тэнгис уруу явж, дэгээ хая. Эхний барьсан загасны амыг нээж үзвэл дөрвөн драхмын нэг зоосыг олно. Түүнийг авч Миний өмнөөс болон өөрийнхөө өмнөөс тэдэнд аваачиж өг гэж айлджээ" (Матай 17:24-27).

Дэлхий ертөнцийн бүх зүйлсийг Бурхан Түүний Үгээр бүтээсэн ба Есүс дэлхий ертөнцийн зүйлсэд тушаал өгөхөд тэр зүйлс нь Түүний дагаж байсан ба бүх зүйл биелэлээ олсон билээ. Үүнтэй адил, чин үнэн итгэлтэй байх аваас бидний хүсч хүлээж байсан зүйлс маань биелэлээ олох (Евреи 11:1), ба юунаас ч биш бүтээгдсэн агуу гайхамшигт хүч маань тийнхүү дахин батлагдах билээ.

Мөнтүүнчлэн, Бурханы дөрөвдүгээр тавшингийн хүч чадал нь цаг хугацаа болон орон зайнаас шууд биелэлээ олдог билээ.

Бурханы хүчийг Есүсээр дамжуулан илэрхийлэхэд Түүний хэлсэн хэд хэдэн тушаалууд нь цаг хугацаа орон зайнаас шууд биелэлээ олсон байдаг. Маркын 7:24-д "нэгэн

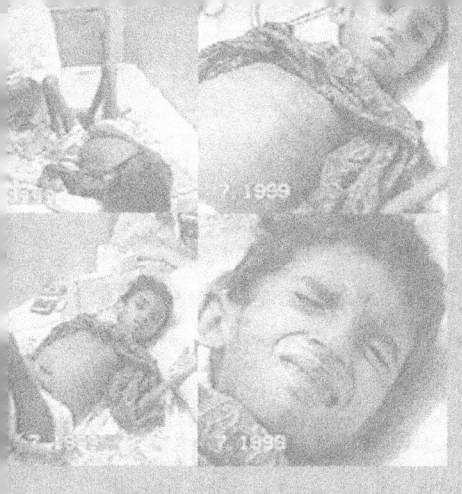

"Маш их өвдөж байна...
Маш их өвдөж байна
Нүдээ ч би нээж чадахгүй нь...
Миний мэдрэх зовиурыг хэн ч
мэдэхгүй,
Харин Их Эзэн бүгдийг нь
мэдэрч намайг элчилээ."

Хэвлий гэдэсний өвчнөөсөө ангижирсан
Пакистаны Синтиа

хүүхэн чөтгөр шүглэсэн охиныхоо төлөө залбирал төлөв даруугаар гуйн асуухад Есүс түүнд, Энэхүү хүсэлтийн тань хариуг аваад эрхэм та охин дээрээ оч. Охиноос чинь чөтгөрийн сүнс тонилон одсон" хэмээн хэлсэн байдаг (шүлэг 29). Хүүхэн гэртээ очиход түүний охин нь газар тэрийн хэвтэж байдаг ба муу ёрын чөтгөр арилан одсон байдаг билээ.

Есүс өвчтэй зовлонтой байсан хүмүүсийг хүн бүрчлэн очиж эдгээгээгүй боловч Тэрбээр тэдгээр хүмүүсийн итгэл найдварынх нь чинээгээр цаг хугацаа орон зайнаас шууд л адислан анагаадаг байв.

Есүсийн усан дээр явсан нь агуу гайхамшигт хүчний илрэл байсан ба Тэрбээр дэлхий ертөнцийн бүх зүйлс нь Есүсийн эрх мэдлийн дор байсан гэдгийг үзүүлж байсан билээ.

Мөнтүүнчлэн, Есүс Иоханы 14:12-д, "Үнэнээр, үнэнээр Би та нарт хэлье. Надад итгэдэг хүн Миний хийдэг ажлуудыг бас хийх бөгөөд эдгээрээс агуу ажлуудыг ч хийх болно. Яагаад гэвэл Би Эцэгтээ очно." хэмээн дурдан хэлсэн байдаг. Тэрбээр бидэнд батлан хэлсэн шиг Бурханы агуу гайхамшигт хүч чадал нь өнөө үед ч хүртэл Манмин Төв Сүм дээр биелэгдсээр байдаг билээ.

Жишээлбэл, маш олон гайхамшигт цаг агаарын үзэгдлүүд

биелэлээ олсоор байдаг билээ. Хур бороо шаагин орж байгаа тохиолдолд бороог зогсоохын тулд залбирал үйлдэхэд л нүд ирмэхийн зуур л хур борооны үйлс замхран алга болох эсвэл маш их хэмжээний үүлс хуралдан бий болох зүйлс болдог байлаа. Мөнтүүнчлэн, амьд биш биет зүйлс хүртэл миний залбирсан залбиралын дагуу хорт нүүрстөрөгч хүртэл замхран алга болдог байсан ба хордон бэртсэн хүмүүс асар түргэн хугацаанд эдгэрэн сайжирдаг билээ. Гуравдугаар ангилалын хүнд түлэгдэлтэнд өртсөн хүнд залбирал үйлдэхэд, Халуу төөгсөн хорсон өвдөж байсан түлэгдэлтийн өвдөлт нь үтэр түргэн хугацаанд алга болдог билээ.

Мөнтүүнчлэн, Бурханы хүч чадал нь цаг хугацаа болон орон зайн шууд биелэлээ олон асар гайхамшигыг бий болгосон байдаг билээ. Үүнд Пакистаны Манмин Сүмсийн Зэрэгтэн ах Үйлсөн Иохан Гилын охин Синтияг дурдах хүсэлтэй байна. Би Синтиягын төлөө Солонгосын нийслэл Сеүөлд залбирал үйлдэхэд хэдэн мянган майлсын зайтан байсан, эмч нар ямар ч эмчилгээ хийж аварч чадахгүй байсан тус охин маань үтэр түргэн хугацаанд эдгэрэн илааршсан билээ.

Дөрөвдүгээр төвшингийн хүч чадал нь өвчин зовлонг анагаан эдгээхээс гадна, муу ёрын сүнснүүдийг хөөн зайлуулах болон маш олон гайхамшигт тэмдэгүүд дагалдан ирцгээж байдаг билээ ба энэ нь нэгдүгээр, хоёрдугаар болон гуравдугаар төвшингийн хүч чадлуудын гайхамшигуудыг үйлдэж болдог билээ.

Бүтээн Байгуулалтын Хамгийн Дээд Хүч Чадал

Библи дээр Есүсийн дөрөвдүгээр төвшингийн хүч чадлаас илүү агуу гайхамшигт хүчийн тухай дурдан бичсэн байдаг. Энэ агуу гайхамшигт хүч чадал нь зөвхөн биднийг бүтээн бий болгосон Бүтээгч-д маань л байдаг билээ. Энэ хүч чадлыг ямар ч хүн эзэмшдэггүй билээ. Тэр хүч нь Бурханы анхдагч гэрэл гэгээнээс үүсэлтэй юм.

Иоханы 11-р бүлэгт Есүс нас бараад дөрөв хоносон бие махбодь үнэр танартай болсон Лазарус хэмээх нэгэн хүнийг, "Лазарус чи гараад ир" хэмээн хэлдэг. Түүний тийнхүү тушаасаны дагуу нас барсан хүн бөс даавуунд ороогдсон гарч ирдэг билээ (шүлгүүд 43-44).

Бүх гэм нүгэл болон муу ёрын сүнснүүдээ хөөн зайлуулан өөрийгөө Бурхантай адил болгон сүнслэг ертөнцөд өөрийгөө оруулдаг билээ. Сүнслэг ертөнцийн тухай ямар их мэдээлэл суран мэдэж авна төдий чинээ Бурханы агуу гайхамшигт илэрхийлэлтийг хүлээн аван дөрөвдүгээр төвшингийн дээд хүч чадлыг олж авдаг.

Тэгсэнийхээ дараа Агуу Гайхамшигт Бурханы бүтээн бий болгосон агуу гайхамшигт хүч чадлыг хүлээн авдаг. Эдгээр бүх зүйлсийг бүтээн бий болгож чадсан хүн Бурханы дэлхий ертөнцийг бүтээн бий болгож чадсан шиг агуу гайхамшигт дээд хүчийг хүлээн авах боломжтой билээ.

Жишээлбэл, тэрхүү агуу гайхамшигт хүч чадалтай хүн "Нүдээ нээ" гэхэд нүдээ нээн хараа орсон байх. "Хэлгүй хүнийг Ярь" хэмээн тушаахад ярьдаг болох. "Хөлгүй доголон хүнийг Босоод алх" гэхэд тэр хүн босоод алхан гүйх. Мөнтүүнчлэн шарх соривтой болон үхмэл эд эстэй хэсгүүд нь нөхөгдөн сэргээгддэг билээ.

Энэ нь гэрэл гэгээт дуу хоолойгоор үүрдийн мөнхөд оршиж байсан Бурханы дуу хоолойгоор бий болсон байдаг. Агуу гайхамшигт дуу хоолойгоор бүтээн байгуулах санаа тушаал гарах үед агуу гайхамшигт дууны хажуугаар гэрэл гэгээгээр бадамлан биелэлээ олцгоодог билээ. Ийм арга замаар хүмүүс Бурханы бидэнд зааж тунхагласан агуу гайхамшигт үлгэр жишээг бий болгосон өвчин зовиур болон гай зовлонг нэгдүгээр, хоёрдугаар болон гуравдугаар төвшингийн хүчээр эдгээн анагааж чадахгүй байсанг анагааж чадах билээ.

Гэрэл Гэгээт Бурханы Хүчийг Хүлээн Авах нь

Бурханы сэтгэл зүрхийг дуурайн Түүний хүч чадлыг хүлээн авч олон мянган хүмүүсийг хэрхэн авралд нь бид оруулах вэ?

Нэгт, бид ямар ч муу ёрын муу зүйлийг хийхээс болгоомжилж ариун байдлыг бий болгох ёстой ба сэтгэл зүрхээ ариусгахыг оролдох хэрэгтэй билээ.

Таныг үзэн ядан ямар нэгэн байдлаар байнга хүнд хүчир байдал үүсгэж байдаг хүний тухай таны сэтгэл зүрхэнд чинь сайн сайхан зүйл оршиж байх уу? Мэдээж үгүй шүү дээ. Хэдий сэтгэл зүрх чинь маш их хүнд тэвчихэд хэцүү ч гэсэн эрхэм та хүлээцтэй хандан тэвчээр заах хэрэгтэй. Энэ нь Бурханы нүдээр сайн үйлийн анхны алхам юм.

Сайн сайханыг даван туулсаны дараа таныг хүнд хүчир байдалд оруулж байсан хүмүүс ухааран тэдний сэтгэл зүрхийг хөдөлгөн зүйл болдог тул. Бурханы агуу гайхамшигт таалалыг хүлээн авахын тулд

өстөн дайснаа хүртэл авран өөрийн амиа ч өгөхөөс буцахгүй байх үнэхээр агуу золиослол юм.

Есүс Түүнийг цовдлон алж байгаа хүмүүсийг хүртэл уучилан өршөөж байсан билээ. Мосес болон дагалдагч Пол нар хүртэл өөрсдийн амиа сургаал номлолдоо үнэнч байснаас болж золиослоход бэлэн байдаг байв.

Израйлын хүмүүсийг хий хоосон бурхад шүтэцгээж байхыг нь хараад Бурхан Израйлчуудыг устгах гэж байхад Мосес юу гэж гуйсан бэ? Тэрбээр чин сэтгэлээсээ Бурханаас, "Хэрвээ одоо Та хүсвэл тэдний нүглийг уучлаач. Хэрвээ үгүй бол Та Өөрийнхөө бичсэн номоос намайг арилгаач! гэж гуйв." хэмээн гуйдаг (Египетээс гарсан нь 32:32). Дагалдагч Пол бас л тийнхүү зүйл хэлдэг. Ромын 9:3-д, "Учир нь махан биэрээ миний хамаатан болох ахан дүүсийнхээ төлөө би Христээс салгагдаж, өөрөө хараал болоосой гэж хүсэж байлаа." хэмээн хэлсэн байдаг. Пол агуу гайхамшигт сайн үйлийг үйлдсэн ба үүний хариуд Бурханы агуу гайхамшигт хүч чадал нь байнга дагадаг билээ.

Дараа нь, бид сүнслэг хайрыг бий болгох ёстой.

Хайр гэдэг ойлголт бидний амьдралд маш гүн нэвтрэн орсон байдаг. Хэдий маш олон хүмүүс бие биедээ "Би чамд хайртай шүү", хэмээн он цаг улиран өнгөрөх тутамд хэлж байдаг боловч бодит "хайр" гэдэг ухагдахуун өөрчилөгдсөн байдаг. Бурханы хайр нь сүнслэг хайр ба энэ нь үүрдийн мөнхөд оршиж байдаг ба энэ тухай 1 Коринтын 13-д тодорхой дурдсан байдаг.

Нэгт, "Хайр нь тэвчээр болон хайр нь эелдэг байдал юм. Атаархал бол биш." Бидний Их Эзэн хэдий бид гэм нүгэл хар толботой байдаг ч гэсэн бидний үргэлж тэвчээртэйгээр хүлээн харсаар байдаг билээ. Хэдий бид амаараа Их Эзэндээ хайртай гэж олонтаа хэлж байдаг ч гэсэн асар түргэн хугацааны дараа ах эгч дүү нартаа гэм нүглээ бий болгон гаргадаг уу? Бид өөрсдийн таалагдахгүй болон дургүй хүмүүсээ шүүмжилэн гутаан доромжилж байдаг уу? Хэн нэгний амьдрал нь өөрөөс нь дээр байгаа болон бусдад атаархан хорсдог уу?

Дараа нь, "зохисгүй авирладаггүй, өөрийнхийг эрдэггүй" (шүлэг 5).

Гаднаа бид Их Эзэнийгээ магтан дуулж байдаг мэт боловч дотроо бид бусдад өөрийгөө гайхуулах гэсэн байдал, өөрсдийгөө дүвийлгэн дүүргэх, эсвэл хэрэгтэй нэгэнтэй уулзах хэрэггүй нэгэнг үл тоомсорлох гэх зэрэг санаа бодол нь зохисгүйд тооцогдох билээ.

Мөнтүүнчлэн хайр нь "зохисгүй авирладаггүй, өөрийнхийг эрдэггүй, уурладаггүй, муутай тооцоо хийдэггүй" хэмээн хэлсэн байдаг (шүлэг 5). Бидний бүдүүлэг ааш зан болон сэтгэл санаа маань байнга өөрчилөгдөж байдаг ба бусдаас дээгүүр гарах гэж байдаг үзэл бодол маань муу ёрын угтай тул хайр энэрэл тэр үед байдаггүй билээ.

Нэмж хэлэхэд, хайр нь "зөвт бус байдалд баярладаггүй, харин үнэнд баярладаг" (шүлэг 6). Хэрэв бидэнд хайр байх аваас би үргэлж үнэнд баясан алхах хэрэгтэй билээ. 3 Иоханы 1:4-д, Миний хүүхдүүд үнэн дотор явж байгааг сонсохоос эрхэм баяр баясгалан гэж надад байхгүй билээ. хэмээн хэлсэн байдаг ба үнэн мөн байдал нь бидний амьдралын аз жаргалын эх үүсвэр юм.

Эцэст нь, бүгдийг далдалдаг, бүгдэд итгэдэг, бүгдэд найддаг, бүгдийг тэсвэрлэдэг (шүлэг 7). Бурханыг чин үнэнээр хайрладаг хүмүүс Бурханы хүсэл зорилгыг сайтар олж мэддэг ба бүх зүйлс итгэдэг билээ. Их Эзэний дахин ирэлтэд, итгэлтэй хүмүүс дахин амилцгааж байдагт, тэнгэрийн хаант улсын шагналд итгэцгээж байдаг хүмүүс дэлхийн ямар нэгэн хэцүү зүйлсийг тууштайгаар даван туулцгааж байдаг.

Библийн сургаал дээр дурдсан агуу гайхамшигт хайр энэрэл болон Түүний хайрыг бусдад үзүүлэхийн тулд Бурхан тэдэнд Түүний хүч чадлыг бэлэг болгон өгдөг билээ. Тэрбээр чин үнэнч амьдралаар амьдарцгаан нарийн бөгөөд дардан замаар амьдацгааж байгаа хүмүүсийн амьдралыг аль болгон аврахыг оролдож байдаг билээ.

Тиймээс, өөрсдийгөө танин мэдэцгээн зүрх сэтгэлээ хөвчилөн Бурханы агуу гайхамшигт адислалуудыг хүлээн аваад Бурханы дагалдагч болоосой хэмээн Их Эзэний нэрээр залбиран гуйнам!

Сайн Мэдээ 6

Хараагүй Хүний Нүд Нээгдэнэ

Иохан 9:32-33

Цаг хугацааны эхлэлээс хойш төрөлхийн сохор хүний нүдийг нээснийг хэн ч хэзээ ч сонсоогүй. Хэрэв энэ хүн Бурханаас ирээгүй юм бол Тэр юу ч хийж чадахгүй байсан гэж хэллээ

Үйлсийн 2:22 дээр Есүсийн дагалдагч Петр Ариун Сүнсийг хүлээн авсаныхаа дараа Евреичүүдэд хандан Бошиглогч Иоелын хэлсэн Израиль эрчүүд ээ, эдгээр үгсийг сонсоцгоо. Бурхан Назарын Есүсээр дамжуулан та нарын дунд хүчит үйлс, гайхамшиг, тэмдгүүдийг бүтээж, энэ хүнийг та нарт үзүүлсэн. Та нар өөрсдөө ч мэднэ. хэмээх үгийг дурдитган авч хэлэв. Есүсийн үзүүлж бий болгож байсан агуу гайхамшигт гайхамшигууд болон Есүсийн загалмайнд цовдлуулж байсан эдгээр баримтууд нь Евреичүүдийн Хуучин Гэрээнд дурдсан Мессайя мөн болохыг батлан харуулсан байдаг.

Мөнтүүнчлэн, Ариун Сүнснийг хүлээн авсаныхаа дараа дагалдагч Петр нь Ариун Сүнснийг хүлээн авсаны дараа Бурханы агуу гайхамшигт хүчийг үзүүлсэн байдаг. Тэрбээр хөлгүй доголон гуйлгачин хүнийг эдгээн анагаасан байдаг (Үйлс 3:8), мөнтүүнчлэн хүмүүс өвчтэй зовлонтой хүмүүсийг дамнуурган дээр хэвтүүлэн авчирч Петрийг явах замд нь түүний сүүдэр нь тусахад л эдгэрнэ хэмээн итгэцгээж байв (Үйлс 5:15).

Бурханы чин үнэнч итгэлийг олж авахын тулд Бурханы дагалдагч нар итгэлгүй хүмүүсийн зүрх сэтгэлд итгэлийн үрийг суулгахын тулд Бурхан агуу гайхамшигт гайхамшигуудыг зүй зохистой хүмүүсийг сонгон өгдөг.

Есүс Төрөлхийн Хараагүй Хүнийг Эдгээсэн нь

Иоханы 9-р бүлэгт Есүс замд явж байхад нэгэн төрөлхийн хараагүй хүнтэй тааралддаг. Есүсийн дагалдагч нар хүн яагаад төрөлхтийн хараагүй төрсөн тухай учирлан асууж байдаг. "Рабби, хэн нүгэл үйлдсэнээс энэ хүн сохор төрсөн юм бэ? Энэ хүн үү? Түүний эцэг эх үү?" хэмээн асуусанд Есүс-Энэ хүн ч, эцэг эх нь ч нүгэл үйлдсэнээс болоогүй. Харин энэ нь Бурханы ажлуудыг түүгээр харуулахын тулд юм. Ингэж хэлээд, Тэр газар нулимж, шүлсээрээ шавар зуурч, тэр хүний нүдийг шавраар шаваад, "Яв. Силоамын (орчуулбал Илгээгдсэн) цөөрөмд угаа" (vv. 6-7) гэж хэлэхэд өнөөх хүн явав. Тэгээд угаагаад, хараатай болон эргэж иржээ.

Библи дээр маш олон хүмүүсийн Есүс эдгээн анагааж байсан тухай дурдан хэлсэн байдаг ба төрөлхийн хараагүй хүнийн тохиолдол нь биднээс ялгарах нэгэн онцлог зүйл байдаг.Тэр хүн Есүсээс эдгээн анагаах хүсэн асуугаагүй байдаг ба харин түүнд Есүс өөрөө очин эдгээн анагаасан байдаг.

Тэгвэл тэр төрөлхийн хараагүй хүн маань агуу гайхамшигт хүндлэлийг хүлээн авсан юм бэ?

Нэгт, тэр хүн маш төлөв даруу байсан юм.

Энгийн хүний хувьд Есүсийн --Тэр газар нулимж,

шүлсээрээ шавар зуурч, тэр хүний нүдийг шавраар шаваад, Яв. Силоамын (орчуулбал Илгээгдсэн) цөөрөмд угаа-- хэмээн хэлсэн нь ямар ч ойлгомжгүй зүйл юм. Ерөнхий ойлголтоор ямар ч хүн газар нулимаад шавраар нүдэнд нь түрхээд усанд угаа хэмээн хэлэн төрөлхийн хараагүй хүнийг хараатай болгох нь үнэхээр ойлгомжгүй зүйл юм. Мөнтүүнчлэн, тэр хүн нь Есүс гэж хэн гэдгийг мэдэхгүй байгаад тийнхүү хэн нэгэн хүн түүнд нүүрэндээ шавар түрхэн нуурын усаар угаа гэхэд итгэх байтугай харин ч уурлан ундуудцах байсан билээ. Гэвч энэ нь тэр хүний хувьд тийм байгаагүй билээ. Есүсийн тушаасаны дагуу тэр хүн Түүний хэлсэнийг үг дуугүй даган Силоамын усанд очиж угаадаг билээ. Эцэст нь болон гайхалтайгаар, насан туршдаа хараагүй байсан нүд нь нээгдэн хараа ордог билээ.

Хэрэв эрхэм та Бурханы үг нь хүний ойлголттой үл нийцэж байдаг хэмээн боддог бол Бурханы үгийг даган төрөлхтийн хараагүй хүн шиг төлөв даруу болов хэрэгтэй билээ. Тэгэх аваас Бурханы агуу гайхамшигт энэрэл хайр төрөлхийн хараагүй хүний хараа орсон шиг агуу гайхамшигийг амьдралдаа хүлээн авах болно.

Хоёрт, төрөлхийн хараагүй байсан хүний үнэн худлыг ялгах ухамсар оюун ухааны мэлмий нь нээгдсэн билээ.

Түүний Евреичүүдтэй ярилцаж байсан яриа наас дүгнэж үзэхэд тэрхүү төрөлхийн хараагүй байсан хүний махан биебодь нь хараагүй байсан ч гэсэн түүний зүрх сэтгэл нь үнэн худлыг ялгаж салгах чадалтай байдаг байв. Харин нөгөө талаар, Евреичүүд нь сүнслэг оюун ухааны мэлмий нь нээгдээгүй байдаг ба хуулийн дүрмийн дагуу захирагдан боогдсон байдаг. Евреичүүд түүнээс төрөлхийн хараагүй байсан хүнийг хэрхэн анагаасан тухай лавлан асуухад хараагүй байсан хүн итгэлтэйгээр, Есүс гэдэг хүн шавар зуурч, нүдийг минь шаваад, надад "Силоам уруу яваад, угаа" гэж айлдсан. Тэгээд би явж, угаагаад хараатай болсон гэж хариулав. (Шүлэг 24).

Тиймээс тэд сохор эрд дахин "Тэр хүн чиний нүдийг нээсэн учраас Түүний тухай чи юу хэлэх вэ?" гэхэд тэр "Тэр бол эш үзүүлэгч" гэв. (шүлэг 17). Төрөлхийн хараагүй байсан хүнийг анагааж чадаж байгаа хүн бол мэдээж Бурханы хүн байна" хэмээн хараагүй байсан хүн бодож байв. Хэдий тийм ч гэсэн Евреичүүд, "Бурханд алдрыг өргө. Тэр хүн нүгэлтэйг бид мэднэ хэмээн тэр хүнийг гутаан хэлдэг." (Шүлэг 24).

Тэдний хэлж ярьж байгаа нь ямар утга учиргүй зүйл вэ? Бурхан гэм нүгэлт хүний залбирал гуйлтын хариултыг өгдөггүй. Мөнтүүнчлэн, Тэрбээр нүгэлт хүнд хараагүй хүнийг хараатай болгох хүч чадал ер өгдөггүй болон алдарыг хайдаггүй. Хэдий Евреичүүд үүнийг итгэж ойлгож авахгүй байсан ч гэсэн тэрхүү хараагүй байгаад хараатай болон хүн итгэлтэйгээр, Бурхан нүгэлтнүүдийг сонсдоггүй, харин Бурханаас эмээж, "Түүний хүслийг үйлдэгч хүнийг сонсдогийг бид мэднэ. Цаг хугацааны эхлэлээс хойш төрөлхийн сохор хүний нүдийг нээсний́г хэн ч хэзээ ч сонсоогүй. Хэрэв энэ хүн Бурханаас ирээгүй юм бол Тэр юу ч хийж чадахгүй байсан гэж хэллээ." (Шүлэг 31-33).

Хүн төрөлхтөн үүсэн бий болсон цагаас хойш хараагүй байсан хүнийг хараатай болгосон гэдгийг сонссон хүмүүс маш ихээр баярлалдан түүнтэй хамт жаргалтай сайхан мэдээг нь хуваалцдаг билээ. Ингэхийн оронд Евреичүүдийн дунд маш их уур хилэн, атаа жөтөө, шүүмжилэн гадуурхах үзэл бий болдог. Тэд маш хатуу сүнслэг итгэлтэй байдаг тул тэд нар Бурханы хийсэн агуу гайхамшигт үйлийг хүртэл буруушаан хүлээн авдаггүй билээ. Библи дээр дурдахдаа Бурхан л хүний хараа́г оруулдаг хэмээн бичсэн байдаг.

Дуулалын 146:8-д, "ЭЗЭН сохор хүнд хараа оруулдаг. ЭЗЭН сөхрөгчдийг босгодог. ЭЗЭН зөв шударга хүмүүсийг хайрладаг." хэмээн хэлсэн байхад Исайя 29:18-д, "Тэр өдөр дүлий нь номын үгсийг сонсож, бүрэнхий харанхуйгаас сохруудын нүд нь харах болно." хэмээн хэлсэн байдаг. Мөнтүүнчлэн, Исайя 35:5-д, "Тэгээд сохрын нүд нээгдэж, дүлийгийн чих нь онгойно. хэмээн хэлсэн байдаг. Тэр өдөр болон тэгээд дараа нь" хэмээн хэлж байгаа нь Есүсийг хүрч ирж хараа оруулж байсан тухайг дурдан хэлж байгаа юм.

Ийм олон баримтат мэдээ сургаал шүлгүүд байсаар байтал мөн дээр нь муу ёрын далдлагуудаар харж үзэхэд Евреичүүд нь Бурханы хийж бүтээсэн олон гайхамшигуудыг үл тоон Түүнийг Бурханы Хүү хэмээн хүлээн зөвшөөрөхийн тулд Түүнийг гэм нүгэлтэнд тооцон яллан шийтгэн Бурханы үгийг зөрчицгөөдөг билээ. Төрөлхийн хараагүй байсан хүн хүртэл сүнслэг ертөнцийн хууль дүрмийг мэдэхгүй байсан ч гэсэн Бурхан нүгэлт хүний залбиралыг сонсдоггүй гэдгийг мэдэж байв. Мөнтүүнчлэн, хараагүй байсан хүн хараагүй хүнийг хараатай болгохыг зөвхөн Бурханы л тусламжтайгаар хийж болно гэдгийг мэдэж байв.

Гуравт, Бурханы агуу гайхамшигт энэрэл адислалыг аваад хараагүй байсан хүн Их Эзэний өмнө очин өөрийн амьдралаа шинээр эхэлдэг.

Өнөөг хүртэлх хугацаанд би үхлийн ирмэг дээр ирсэн байсан, зовлон гачигдалт унасан байсан маш олон хүмүүс Манмин Төв Сүм дээр хүрэлцэн ирцгээн адислал энэрэлийг хүлээн авцгааж байсанг гэрчилэн харсан билээ. Харамсалтай нь Бурханы агуу гайхамшигт адислал энэрэлийг хүлээн авсаныхаа дараа тэдгээр хүмүүс Бурханаа умартан гэм нүгэлт ертөнцийн амьдралдаа эргэн орцгоодог билээ. Тэдний аж амьдрал уй гашуу зовлонд автагдахаар нулимс урсган уйлан хайлж Их Эзэн намайг анагаан эдгээсэний дараа би Бурханы амьдралаар амьдарцгаан хэмээн хэлж байдаг билээ. Тэгээд

"Ээжээ,
Энэ чинь нүд сохлом юмаа...
Анх удаагаа би гэрэл харж байна
...
Ийм юм тохиолдоно гэж би
Хэзээ ч бодож байсангүй..."

Төрөхөөсөө хараагүй байгаад найман жилийн дараа анх удаагаа харах болсон Филиппиний Женифер Родригез

Бурханы агуу гайхамшигт адислалуудыг хүлээн авч эдгэрсэнийхээ дараа энэрэл адислалаа умартан эргэн нүгэлт ертөнцийнхөө амьдралаараа эргэн амьдарцгаадаг. Хэдий тэдний бие махободийн болон бодит зүйлс нь биелэгдсэн ч гэсэн ариун сүнсний оршил байхгүй болсон тул тэдний амьдрал нь там руу залагддаг билээ.

Төрөлхийн хараагүй төрсөн хүн нь сайхан сэтгэлт хүн байсан тул энэрэл адислалаа үл умартаж байв. Тиймий ч учраас тэр хүн Есүстэй уулзахдаа хараагүй байдлаасаа гараад ч зогссонгүй мөнхийн амьдралд орох боломжтой болсон билээ. Есүс түүнээс "Та Хүний Хүүд итгэдэг үү?" хэмээн асуухад тэрбээр, "Тэр хүн хэн юм бэ Их Эзэн минь юм бол би итгэх бөлгөө" хэмээн хэлдэг. (шүлэг 35-36). Есүс түүнд "Эрхэм та хоёуланг нь харсан билээ. Тэр хүн тань тантай ярьж байна" хэмээн хэлэхэд тэрбээр, "Би тэгвэл итгэж байна" хэмээн хэлдэг билээ. (Шүлэг 37-38). Тэр хүн итгээд ч зогссонгүй бүр Есүсийг өөрийн Христээ хэмээн хүлээн авсан билээ. Энэ нь тэр хүний чин сэтгэлийн наминчилал байсан ба Их Эзэнийг даган мөрдөн гэдгээ андгайлсан байдаг.

Бурхан биднийг ийм л сайхан чин үнэнч сэтгэл зүрхтэй байгаасай хэмээн хүсдэг билээ. Тэрбээр биднийг Түүнээс өвчин зовлонгоосоо ангижирахын тулд зөвхөн адислал энэрэлийг хүлээн авах гэж Түүн дээр ирдэггүй байгаасай хэмээн хүсч байдаг. Тэрбээр Түүний агуу гайхамшигт хайр энэрэлийг ойлгоосой хэмэн хүсдэг. Мөнтүүнчлэн, Тэр

"Зүрх сэтгэл минь намайг энд авчирсан...

Зөвхөн талархахыг л би хүснэ..."

Агуу бэлэг өглөө Бурхан надад.
Амьд Бурхантай учирсан маань
Хараа орсон бодит үнэнээс
Хавьгүй ихээр намайг жаргаалаа!"

Хоёр настайдаа баруун нүд нь хараагүй болсон Гондурасын Мариа Др. Жаерок Леегийн залбирлыг хүлээн авсныхаа дараа хараа оржээ.

биднийг хэл амаараа л зөвхөн хайрлах биш харин ч өөрийн зүтгэл үйл ажиллагаагаараа үзүүлэн биелүүлж байгаасай хэмээн хүсдэг билээ. 1 Иоханы 5:3-д, "Бурханы хайрлах нь Түүний тушаалуудыг сахих юм. Түүний тушаалууд нь хүнд дарамт биш билээ." хэмээн хэлсэн байдаг. Хэрэв бид Бурхандаа чин үнэнчээр хайртай бол бүх гэм нүгэлт зүйлсээ орхин гэрэл гэгээт сайхан амьдралаар алхалан амьдрах хэрэгтэй билээ.

Ийм итгэл найдвартай байн чин үнэнчээр Бурханаас залбирал адислал гуйхад Бурхан бидэнд яагаад өгөхгүй гэж? Матайгын 7:11-д Есүс бидэнд, "Хэрэв та нар бузар атлаа хүүхдүүддээ сайн бэлэг өгөхөө мэддэг бол тэнгэр дэх Эцэг тань Өөрөөс нь гуйдаг хүмүүст илүү сайныг өгөх нь дамжиггүй бус уу?" хэмээн дурдсан байдаг ба бидний хайрт аав маань бидний залбиралд хариулт өгнө гэдэгт үргэлж итгэх хэрэгтэй билээ.

Тиймээс, Бурханы өмнө эрхэм танд ямар ч хүнд хүчир өвчин зовлон байсан ч гэсэн Түүнд ямар ч ялгаагүй хэцүү биш билээ. Хамгийн гол нь эрхэм та "Их Эзэн минь би танд итгэж байна" хэмээн чин сэтгэлийнхээ угаас итгэлээ илэрхийлэн залбиран гуйх аваас Их Эзэн төрөлхийн хараагүй хүнийг хараатай болгосон шиг боломжгүй байсан зүйлсийг хүртэл биелүүлэн бүтээх болно.

Хараагүй Хүмүүсийг Хараа Оруулсан Мэт Гайхамшигууд

"Хараагүй болно, удахгүй гэж
эмч хэлэхэд...
Хамаг юмс гундаж эхэлсэн...

Гэрэл гэгээ надад хайрласан
Их Эзэндээ баярлалаа...

Би Таныг хүлээдэг байсан..."

Осолд орсныхоо дараа бараг сохорсон
боловч хараа эргэн орсон
Гондурасын Рикардо Моралес

Манмин Төв Сүм дээр Бий Болсон нь

1982 онд сүмээ байгуулсанаас хойш Манмин Төв Сүм маань Бурханы агуу гайхамшигт хүчийн дагуу маш олон хараагүй хүмүүсийг хараатай болгосон билээ. Төрөлхийн хараагүй төрсөн хүмүүс залбирал адислалуудыг хүлээн авсаныхаа дараа агуу гайхамшигт эдгэрэл адислалуудыг хүлээн авсан билээ. Нүдний хараа нь муудан нүдний шил болон контакт ленз зүүдэг байсан хүмүүсийн нүдний хараа нь хүртэл дээрдэн сайжирцгаасан билээ. Маш олон гайхамшигт жишээнүүдийн дундаас дор хэдэн жишээг дурдан бичье.

Намайг 2002 онд Агуу Их Крусайд Үйл Ажиллагааг Гондурас улсад хийж байхад хоёр настай байхдаа халууралтаас болж баруун нүдний хараагаа алдсан байсан арван хоёр настай Мария гэдэг охинтэй тааралдав. Түүний эцэг эх нь түүнийг хараатай болгохын тулд маш олон зүйлсийг хийсэн боловч ямар ч үр дүнд хүрсэнгүй. Тэр ч бүү хэл нүдний мэс засал хийсэн ч гэсэн хагалгаа амжилттай болсонгүй билээ. Тийнхүү арван хоёр жилийн турш тэрбээр баруун нүдээрээ гэрэл гэгээ ч харж чадахгүй байв.

2002 онд Мариа крусайд үйл ажиллагаанд орон Бурханы агуу гайхамшигт адислал энэрэлийг миний залбиралаар хүлээн аван гэрэл гэгээ харж эхэлсэн ба тун удалгүй нүдний хараатай болов. Нүдний харааны мэдрэлийн эсүүд нь үхэн үрэгдсэн байсан нь Бурханы хүч чадлаар эргэн сэргэгдэв. Юутай гайхамшигтай вэ? Гондурас улсын маш олон хүмүүс эдгэрэл адислалуудыг хүлээн аваад Бурхандаа хандан агуу гайхамшигыг баярлан тэмдэглэцгээн "Бурхан Амьд болон Түүний гайхамшигууд өнөөг хүртэл явагдаж байдаг" хэмээн дуулан бүжиглэцгээж байв.

Пастор Рикардо Моралес бараг хараагүй болох гэж байсан ба Муаны ариун цэнгэг уснаас уун бүрэн эдгэрсэн билээ. Гондурас улсад хийсэн крусайдаас долоон жилийн өмнө тэрбээр автомашины осолд орон нүүрний хэсгийн хүнд цохилт авсанаас болж маш их хэмжээний дотуур цус алдалт авсан байв. Эмч нар Пастор Рикардод яваандаа нүдний хараагаа алдана хэмээн хэлэв. Хэдий тийм ч гэсэн тэрбээр 2002 оны Гондурас улсад зохион явагдсан Сүмийн Удирдагч нарын уулзалт конференц дээр хүрч ирэн оролцсон анхны өдөртөө л эдгэрэн сайжирав. Бурханы агуу гайхамшигт сургаалт үгсийг сонсоод Муаны цэнгэг усыг нүдэндээ шавшин цацахад л түүний нүдний хараа нь сайжиран бүх зүйлсийг хэдхэн минутын дотор сайн харж чадав. Пастор Рикардо тийм агуу гайхамшигт зүйлийг болно гэж төсөөлөөгүй байсан тул нүдэндээ итгэсэнгүй. Тэр оройноо тэрбээр нүдний шилээ зүүгээд крусайдын анхны уулзалтанд оролцов. Тэгээд сууж байтал гэнэт түүний нүдний шилний шил нь унасан ба гэнэт тэрбээр Ариун Сүнсний "Хэрэв чи нүдний шилээ тайлахгүй бол чи сохорно" хэмээн хэлэхийг сонсов. Пастор Рикардо тэгээд нүдний шилээ авахад тэрбээр бүх зүйлсийг маш сайн тодорхой харж чадаж байв. Түүний нүдний хараа нь сайжирсан байсан ба Пастор Рикардо Бурханыг агуу ихээр алдаршуулан магтсан билээ.

Кения улс дахь Найроби Манмин Сүм дээр Комбо хэмээх нэртэй нэгэн залуу өөрийн төрөлх тосгоноо очиж айлчилсан ба тэр газар нь сүмээс 400 километрийн (ойролцоогоор 250 майлс) зайтай газар байдаг байв. Тэрбээр тэр өөрийн төрсөн тосгондоо айлчилж байхдаа гэр бүлийнхэндээ Сеүөлийн Манмин Төв Сүмд агуу гайхамшигт Бурханы үйл ажиллагаа явагдаж байгаа тухай ярьж гэнэ. Миний залбирсан алчуурт залбиралд тэрбээр бас гэр бүлийнхэний төлөө залбирал үйлдсэн байв. Мөн Комбо сүмээс гаргадаг нэгэн календарыг гэрийнхэндээ бэлэг болгон өгөв.

Ач хүүгийнхээ тийнхүү гайхамшигт Бурханы сургаалыг сонсоод хараагүй сохор байсан Комбогын эмээ нь дотроо чин сэтгэлээсээ "Доктор Жаерок Лее гуайн зургийг нь харах юмсан" хэмээн хүсээд тэрхүү календарийг гартаа барьж суув. Гэнэт үнэхээр гайхамшигт зүйл тохиолдов. Комбо-г календарийг нээн онгойлгох үед түүний нүдний хараа нь нээгдэн тэрхүү зургийг харах боломжтой байв. Халлелуяа! Комбогын гэр бүлийнхэн Бурханы агуу гайхамшигт үйлийн илрэлт байдлыг тийнхүү шууд хүлээн авцгаан баяр цэнгэлээр хөөрөлдөн баярлацгаав. Мөнтүүнчлэн, нутгийн хүмүүс нь энэ тухай сонсож мэдээд тус тосгонд сүмийн нэгэн салбар бий болгохыг хүсэв.

Дэлхий дахинаа өргөжин тэлжиж байгаа манай сүм маань маш олон салбар сүмүүдтэй байдаг ба дэлхийн өнцөг булан бүрт Бурханы сургаал номлолыг тунхагласаар байдаг билээ. Бурханы хүч чадлыг хүлээн ойлгож амьдралдаа хэрэгжүүлсээр эрхэм та Түүний адислалуудыг хүлээн авагч өв залгамжлагч нар болцгоох билээ.

Есүсийн үед ч бас хүмүүс баярлан хөөрцгөөн Түүнийг дэмжин бишрэхийн оронд маш олон хүмүүс Түүнийг шүүн цээрлэж, хараан зүхэж байдаг шиг өнөө үед ч гэсэн хүмүүс тийн авирлацгаан Ариун Сүнсний эсрэг үйлийг үйлдсээр байдаг билээ. Матайгын 12:31-32-д дурдан Есүс бидэнд "Тиймээс Би та нарт хэлье. Хүмүүсийн аливаа нүгэл хийгээд доромжлол нь уучлагдана. Харин Сүнсний эсрэг доромжлол уучлагдахгүй. Хүний Хүүгийн эсрэг үг хэлдэг хэн боловч уучлагдах болно. Харин Ариун Сүнсний эсрэг ярьдаг хэн ч энэ үед ч, ирэх үед ч уучлагдахгүй." хэмээн хэлсэн байдаг ба энэ нь агуу аймшигт гэм нүгэл юм.

Ариун Сүнсний үйлийг үгүйсгэхгүйн тулд бид Бурханы агуу гайхамшигт хүчийг ойлгон Иоханы 9-р бүлэгт дурдсан хараагүй хүн шиг төлөв даруу дуулгавартай байх хэрэгтэй билээ. Өөрсдийгөө хэрхэн бэлдэн Бурхантайгаа ойртуулсанаас шалтгаалан зарим хүмүүс агуу гайхамшигт адислалуудыг хүлээн авсан байдаг ба зарим хүмүүс ямар ч зүйлийг хүлээн авдаггүй билээ.

Дуулалын 18:25-26-д, "Энэрэнгүй хүмүүст Та Өөрийн энэрлийг үзүүлдэг. Шулуун шударга хүмүүст Та Өөрийн төгс чанарыг үзүүлдэг. Цэвэр хүмүүст Та Өөрийн цэвэр байдлыг, Хуурамч хүмүүст Та Өөрийн овжин байдлаа харуулдаг. хэмээн дурдан хэлсэнчилэн эрхэм та Бурханд итгэн Түүний амласан агуу гайхамшигт шагналуудын хүлээн авагч эзэн нь болоосой" хэмээн Их Эзэн Есүс Христийн нэр дээр залбиран гуйж байна!

Сургаалт Мэдээ 7

Хүмүүс Босоцгоон, Догонцон Алхацгаах Болно

Марк 2:3-12

Дөрвөн хүн нэгэн саа өвчтөнийг Түүн уруу авч иржээ.
Цугласан олноос болж Түүнд хүрэх боломжгүй
байсан тул тэд Түүний байсан газрынх нь
дээврийг хуулж, нүх гаргаад, саа өвчтэй хүнийг
дэвсгэртэй нь доош буулгав.
Есүс тэдний итгэлийг хараад, саа өвчтэй хүнд
-Хүү минь, нүглүүд чинь уучлагдсан гэв.
Харин тэнд сууж байсан хуулийн
 багш нарын зарим нь дотроо
-Энэ хүн яаж ингэж ярина вэ?
Бурханыг тэр доромжилж байна. Гагцхүү
Бурханаас өөр хэн нүглийг уучилж чадах билээ? Гэж
 бодоход тэр даруй Есүс
Өөрийн сүнсээр тэдний бодлыг мэдээд тэдэнд
-Яагаад та нар зүрхэндээ тийм юм бодно вэ?
Саа өвчтэй хүнд
"Нүгэл чинь уучлагдсан" гэж хэлэх, эсвэл
"Бос, дэвсгэрээ аваад яв" гэж хэлэхийн
 аль нь амархан бэ?
Харин Хүний Хүү газар дээр нүглүүдийг
 уучлах эрх мэдэлтэйг та нарт мэдүүлэхийн тулд
гээд Тэрээр саа өвчтэй хүнд
-Би чамд хэлье. Бос, дэвсгэрээ аваад гэртээ харь гэсэнд
мөнөөх хүн босож, тэр даруй дэвсгэрээ аваад,
бүгдийн өмнүүр гарч явлаа. Хүмүүс бүгд мэл гайхаж,
-Үүнтэй адил зүйл бид хэзээ ч үзсэнгүй гээд
Бурханыг алдаршууллаа.

Библи дээр Есүсийн амьдарч байх үед маш олон хүмүүс саа болон өрөөл татанхай болцгоосон байсан ба Бурханы аврал энэрэл эдгэрэлийг хүлээн авцгаасан байдаг. Исайягын 35:6-д, "Тэгээд доголон хүн буга мэт дүүлж, хэлгүй нь баяртайгаар хашхирна. Учир нь цөлөөс ус гарч, Арабад урсана." хэмээн дурдсан байдаг ба Исайягын 49:8-д, "ЭЗЭН ингэж айлдаж байна. "Тааламжтай цагт Би Чамд хариулж, авралын өдөр Би Чамд тусалсан. Би Чамайг хамгаалан, Чамайг ард түмний гэрээний төлөө өгч, газрыг дахин сэргээж, сүйтгэгдсэн өвийг өвлөгчдөд нь буцаана." хэмээн дурдсан байдаг ба Бурхан бидний залбиралд хариулаад ч зогсохгүй биднийг авралын зам руу хөтлөн оруулдаг билээ.

Эдгээр агуу гайхамшигт зүйлс нь Манмин Төв Сүм дээр өнөөг хүртэл тасралтгүй биелэлээ олцгоон Бурханы агуу гайхамшигт адислал эдгэрлүүдийг хөлгүй хүмүүс хүлээн авцгаан эдгэрцгээж байдаг билээ.

Маркын 2-р бүлэгт дурдсан саа өвчтэй хүн хэрхэн болон ямар итгэлтэй байгаад Есүсийн өмнө очин залбиралын хариугаа хүлээн аван авралыг хүлээн авсан бэ? Ямар нэгэн өвчин зовлонгоосоо болж алхаж босож, хөл дээрээ зогсож чадахгүй байгаа хүмүүс та нарт хандан би залбирч босож, алхаж мөн гүйж чадаасай хэмээн залбирнам.

Саа Өвчтэй Хүн Есүсийн Тухай Мэдээг Сонссон нь

Маркын 2-р бүлэгт Есүсийг Капенаум хэмээн хотод хүрэлцэн ирсэн Есүсээс адислал эдгэрэлийг хүлээн авсан саа өвчтэй хүний тухай дурдан өгүүлсэн байдаг. Тэр хотод маш ядуу нэгэн уяман
өвчтэй хүн амьдардаг ба тэр хүн хүний тусламжтайгаар л босож чаддаг байсан ба үхэл нь ирээгүй байсан тул амьд байдаг нэгэн хүн байв. Гэвч тэрбээр хараагүй хүнийг хараатай болгосон, хөлгүй доголон хүнийг хөлтэй болгосон ба муу ёрын чөтгөрийг хөөн зайлуулсан зэрэг маш олон өвчин зовлонгоос анагааж байсан Есүсийн тухай сонссдог билээ. Тэр хүн маш сайхан зөөлөн сэтгэлтэй хүн байсан тул Есүсийн тухай сонсоод найз нөхдөөсөө Есүстэй уулзах хүсэлтэйгээ хэлдэг.

Нэгэн өдөр саа өвчтэй тэр хүн Есүсийг Капенаум хотод ирсэн байгаа тухай мэдэж авдаг. Есүстэй уулзахыг тэсэн ядан хүлээж байсан тэр хүн түүнийг сонсоод хэрхэн баярлаж байсан бол? Саа өвчтэй хүн хэдий тэрбээр өөрөө хөдөлж явж чадахгүй байсан тул өөрийн найз нөхдүүдээсээ гуйн түүнийг Есүсийн өмнө аваачихыг хүсдэг. Азаар түүний найз нар нь Есүсийн тухай сонсож мэдэж байсан тул түүнийг Есүс дээр аваачихад нь туслана хэмээн амладаг билээ.

Саа Өвчтэй Хүн болон Түүний Найзууд нь Есүсийн Өмнө Очисон нь

Саа н өвчтэй хүн болон түүний найз нөхөд Есүсийн сургаал номлол заан тунхаглаж байсан байшингийн гадаа нь ирэхэд маш олон хүмүүс гадаа нь хуран цугларцгаасан байсан тул байшингийн үүд нь рүү ч дөхиж очиж ч болохооргүй зайгүй болсон байв. Тийм нөхцөл байдалтай байсан тул саа өвчтэй хүн болон түүний найз нар нь Есүсийн өмнө очих боломжгүй байв. Мэдээж найз нар нь Хойшоо болоорой, энд маш хүнд өвчтэй хүн байна хэмээн олонтаа хэлсэн боловч маш олон хүмүүс байсан тул Есүстэй уулзах боломжгүй байсан биз. Хэрвээ саа өвчтэй хүн болон түүний найз нар нь итгэлгүй мөн итгэлдээ мөхсөн байсан тул хий хоосон ирсэн болж буцаж явцгаах байсан биз.

Хэдий тийм ч гэсэн, тэд бууж өгсөнгүй харин ч өөрсдийнхөө итгэлээ маш тодоор илэрхийлэв. Есүстэй хэрхэн уулзуулах вэ хэмээн бодож байхдаа тэд хамгийн сүүлийн боломж болох Есүсийн сууж байсан байшингийн дээврийг онгойлгон нүх гаргадаг. Хэдий тэд байшингийн эзэнээс дараа нь мөнгө төгрөг төлнө хэмээн гуйж

уучилалт зөвшөөрөл авсан ч гэсэн саа өвчтэй хүний найз нөхөд нь Есүстэй өвчтэй найзыгаа уулзуулахыг чин сэтгэлээсээ хүссэн байв.

Итгэл нь зүтгэлтэй хамт байдаг ба чин үнэнч даруу сэтгэлийнхээ угаас итгэлээ илэрхийлэн итгэл зүтгэлийг гаргадаг. Хэдий би сэтгэлээсээ хүсэн мөрөөдөж байвч бие махбодь минь намайг тантай уулзуулах боломжгүй байв. Тэрбээр "Их Эзэн минь би тантай уулзаж чадахгүй байсан учир шалтгаан нь миний бие махбодь маш өвчтэй тул. Хэдий би саа өвчтэй болсон ч гэсэн Та намаг оронд хэвтэж байсан ч гэсэн анагаан эдгээж чадаж билээ." хэмээн хэлж байсан нь итгэлтэй байсан гэдгээ илэрхийлж байгаа биш гэж үү.

Ямар ч нөхцөл байдалтай байсан ч гэсэн тэр саа өвчтэй хүн Есүсээс эдгэрэл адислалыг хүлээн авсан байдаг. Тэр саа өвчтэй байсан хүн Есүстэй уулзах л юм бол өөрийн өвчин зовлонгоосоо ангижиран эдгэрэн гэдэгтээ чин сэтгэлээсээ итгэж байсан тул өөрийн найз нөхдөөсөө түүнийг Есүсийн өмнө аваачихыг хүссэн байдаг билээ. Мөнтүүнчлэн, тэр уяман өвчтэй хүний найз нөхөд нь итгэлтэй байсан тул өвчтэй найздаа туслахаар түүнийг дамнууганд өргөн тэр ч бүү хэл үл таних хүний гэрийн дээврийг онгойлгон нүх гаргадаг билээ.

Хэрэв эрхэм та чин үнэн итгэлээрээ итгэн Бурханаар эдгэрэгдэн гэдэгт итгэх аваас эрхэм та үтэр түргэн эдгэрэх билээ. Тийм ч учраас саа өвчтэй найзыгаа түүний найз нар нь дээврээр нүх гарган онгойлгон хэвтэртэй нь хамт түүнийг Есүсийн өмнө аваачдаг билээ. Тухайн үеийн Израйлчуудын амьдардаг байсан байшин нь хавтгай дээвэртэй байдаг байсан ба ханаа дагасан дээвэр хүртэл гарах шаттай байдаг байв. Мөнтүүнчлэн, дээврийн хавтангууд нь маш амархан хөдөлгөгддөг байсан ба эдгээр зүйлс нь саа өвчтэй хүний тусын тулд аль хэдийнээ төлөвлөгдөн гаргагдсан байв.

Гэм Нүглийнхээ Проблемийг Шийдсэнийхээ Дараа Бид Агуу Гайхамшигт Адислалуудыг Хүлээн Авах Боломжтой Болдог

Маркын 2:5-д, Есүс саа өвчтэй хүнийг чин үнэн сэтгэлтэй байгааг хараад маш их баярладаг. Саа өвчтэй хүнийг эдгээхээс өмнө нь Есүс түүнээс, "Хүү минь чи өөрийнхөө гэм нүглээ наминчилсан уу?" хэмээн асуудаг. Ингэж асууж байгаа нь адислал эдгэрэлийг хүлээн авахын тулд гэм нүглээсээ ангижирах хэрэгтэйг илэрхийлж байгаа билээ.

Египетээс гарсан нь 15:26-д Бурхан бидэнд, "Тэр -Хэрэв та нар өөрсдийн Бурхан ЭЗЭНий дуу хоолойг анхааралтай сонсож, Түүний мэлмийд зөвийг үйлдэж, Түүний тушаалуудад чих тавьж, Түүний бүх тогтоолыг сахивал, Би египетчүүдэд буулгасан өвчнүүдээс нэгийг нь ч та нарт буулгахгүй. Учир нь ЭЗЭН Би бол та нарыг эдгээгч билээ гэв." хэмээн дурдсан байдаг. Энд Би египетүүдэд буулгасан өвчинүүдээс хэмээн хэлж байгаа нь бүх аймшигт халдварт өвчингүүдийг хэлж байгаа юм. Тиймээс бид Бурханы сургаал номлолуудыг даган Түүний үгээр амьдарцгаах аваас Бурхан биднийг аюулт өвчин зовлонгоос үргэлж хамгаалах болно. Мөнтүүнчлэн, Дэд Хуулийн 28-р бүлэг дээр Бурхан бидэнд

Түүний сургаал номлолыг даган мөрдөж сургаалаар амьдрах аваас ямар ч өвчин зовлон тусахгүй хэмээн амласан байдаг. Иоханы 5-р бүлэгт "Есүс гучин найман жилийн турш өвчтэй байсан нэгэн хүнийг эдгээгээд түүнд, Илүү аймшигт зүйл тохиолдохгүйн тулд чи нүгэл дахин бүү үйлд" хэмээн хэлдэг. (шүлэг 14).

Гэм нүгэл нь бүх өвчингийн эх үүсвэр байдаг тул Есүс тэрхүү саа өвчтэй хүнийг эдгээхийн өмнө түүнд өршөөл уучилалтыг үзүүлсэн байдаг. Есүсийн өмнө очих нь заавал бүх гэм нүглээ наминчилсан хүн гэсэн үг биш юм. Эдгэрэл адислалыг хүлээн авахын тулд бид өөрсдийн хийж үйлдэж байсан гэм нүглээсээ ангижиран салж дахин үйлдэхгүй байх хэрэгтэй байдаг. Хэрэв эрхэм та гэм нүгэлтэй бол гэм нүглээсээ ангижирах, хэрэв эрхэм та худал хэлдэг бол худал хэлэхээ болих, хэрэв эрхэм та хэн нэгнийг үзэн яддаг бол үзэн ядахгүй байх хэрэгтэй. Бурханы сургаал номлолыг дагаж байдаг хүмүүст л Бурхан өршөөл адислалыг хайрладаг билээ. Мөнтүүнчлэн, "Би итгэдэг" хэмээн хэлсэнээс л болж авралыг хүлээн авахгүй юм. Бид гэрэлт амьдралаар амьдарч эхлэхэд бидний төлөө асгаруулсан Их Эзэний цус биднийг ариусган цэвэрлэдэг билээ. (1 Иохан 1:7).

Саа Өвчтэй Хүн Бурханы Хүч Чадлаар Алхаж Чадсан нь

Маркын 2-р бүлэгт олон жилийн турш өвчтэй зовлонтой байсан нэгэн өрөөл татанхай хүнийг босоод, хэвтрээ аваад яв хэмээн хэлэхэд тэр хүн эдгэрэн олон хүмүүсийн өмнө тийнхүү эдгэрэн босдог. Тэр хүн Есүсийн өмнө ирэхэд тэрбээр хэвтэр дээр хэвтэж байдаг. "Хүү минь чиний хийсэн гэм нүгэл чинь өршөөгдсөн" хэмээн Есүсийг хэлэнгүүт л тэр хүн эдгэрдэг билээ. (Шүлэг 5). Тэр хүнийг эдгэрэн ангижирахд баярлан хөөрөхийн оронд хуулийн багш сургагч нар нь өөр хоорондоо хэрэлдэн нуралдаж эхэлдэг. Есүсийг "хүү минь чиний гэм нүгэл чинь уучилагдсан" хэмээн хэлэхэд тэдгээр сургагч нар дотроо "Энэ хүн яаж ингэж ярина вэ? Бурханыг тэр доромжилж байна. Гагцхүү Бурханаас өөр хэн нүглийг уучилж чадах билээ?" хэмээн бодоцгоодог. (Шүлэг 7).

Есүс тэдэнд, тэр даруй Есүс Өөрийн сүнсээр тэдний бодлыг мэдээд тэдэнд "Яагаад та нар зүрхэндээ тийм юм бодно вэ? Саа өвчтэй хүнд "Нүгэл чинь уучлагдсан" гэж хэлэх, эсвэл "Бос, дэвсгэрээ аваад яв" гэж хэлэхийн аль нь амархан бэ? Харин Хүний Хүү газар дээр нүглүүдийг уучлах эрх мэдэлтэйг та нарт мэдүүлэхийн тулд." хэмээн дурдан бичсэн байдаг. (Шүлэг 8-10). Бурханы агуу гайхамшигийн тийнхүү дурдан хэлсэний дараа Есүс тэрхүү саа өвчтэй хүнд, "Би чамд хэлье, босоод хэвтрээ аваад гэртээ харь" (шүлэг 11) хэмээн хэлэхэд тэрхүү саа өвчтэй хүн тэр дороо босоод л алхаж явдаг билээ. Өөрөөр хэлбэл, саа өвчин туссан байсан хүн нь эдгэрэл адислалыг хүлээн авахын тулд гэм нүглээсээ уучилагдах ёстой байсан ба тийнхүү өршөөл адислалыг хүлээн авсаны дараа Бурхан Есүсийн амласан зүйлийн дагуу бүх зүйлийг бий болгосон билээ. Энэ нь агуу гайхамшигт Бурхан маань Есүсийг хүн төрөлхтөний Аврагч гэдгийг батлаж байгаа юм.

Босон, Хайран Алхасан Тохиолдолууд

Иоханы 14:11-д Есүс бидэнд, "Би Эцэгийн дотор, Эцэг Миний дотор байгаа гэдэгт Надад итгэгтүн. Эс бөгөөс үйлсийн учир итгэгтүн." хэмээн хэлсэн байдаг. Тиймээс, бид Бурхан Мөнхийн Эцэг болон Есүш хоёр нэг ба саа өвчтэй хүний эдгэрсэн энэ гайхамшигт тохиолдол нь тэр хүн Есүсийн өмнө очиход түүний гэм нүгэл нь уучилагдан Есүсийн тушаасанаар босоод догонцон алхаад гэртээ харьдаг билээ.

Иоханы 14:12-д Есүс бидэнд, "Үнэнээр, үнэнээр Би та нарт хэлье. Надад итгэдэг хүн Миний хийдэг ажлуудыг бас хийх бөгөөд эдгээрээс агуу ажлуудыг ч хийх болно. Яагаад гэвэл Би Эцэгтээ очно." хэмээн хэлдэг. Би Бурханы үгэнд зуун хувь итгэдэг ба Бурханы туслагчаар дуудагдсаны дараа маш олон удаа мацаг барин залбирал үйлддэн Түүний агуу гайхамшигт хүчийг хүлээн авсан билээ.

1993 оноос 2004 оны хооронд зохион явагдсан маш олон

Хоёр Долоо Хоногын Тусгай Сэргээлтийн Уулзалт үйл ажиллагаа болон Дэлхийн Агуу Гайхамшигт Крусайд үйл ажиллагаанууд дээр маш олон хүмүүс Бурханы агуу гайхамшигт хүч чадлыг хүлээн авцгаасан билээ.

Маш олон хүмүүс босон хөл дээрээ босон, догонцон бүүр алхаж чадацгааж байсан хэдэн жишээнүүдийг дор дурдаж байна.

Есөн Жилийн Турш Тэргэнцэр Дээр Суудаг Байгаад Босож Чадсан нь

Анхны гэрчилэл нь Зэрэгтэн ах Уоонсуп Ким гуай юм. 1990 оны Тавдугаар сард Өмнөд Солонгосын Таедок Шинжлэх Ухааны таван давхар байшин дээрээс унан бэртэв. Энэ тохиолдол нь Кимийг Бурханд итгэж эхлэхээс өмнө тохиолдсон тохиолдол байв.

Өндрөөс унасаны даруйд нь түүнийг Чоонгнам мужын Уоонсунг эмнэлэг дээр аваачсан ба тэнд тэрбээр зургаан сарын турш сэхээн амьдруулахад хэвтэв.

Хэдий удаан ухаангүй хэвтэж байгаад ухаан орсон боловч авран нэгдүгээр болон арванхоёрдугаар цээж хоолойн нуглаас болон иверхий ясны дөрөвдүгээр болон тавдугаар үе мөчний нуглаас маш хүнд бэртэлттэй байсан тул маш их өвдөж байв. Эмч нар Кимд түүний бэртэлт гэмтэлт нь маш хүнд ноцтой гэдгийг хэлж байв. Тэрбээр маш олон

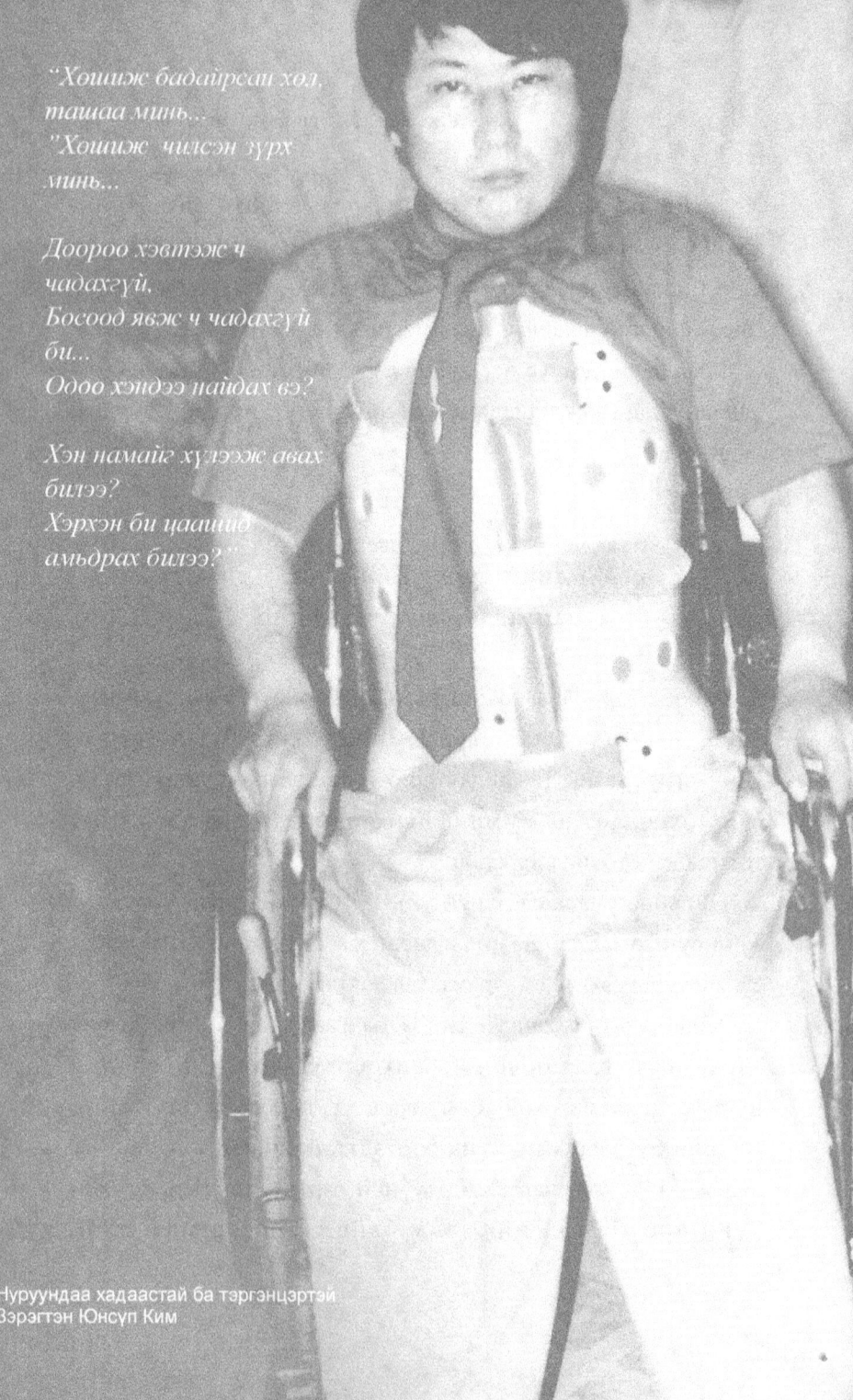

"Хөшиж бадайрсан хөл, ташаа минь...
"Хөшиж чилсэн зүрх минь...

Доороо хэвтэж ч чадахгүй,
Босоод явж ч чадахгүй би...
Одоо хэндээ найдах вэ?

Хэн намайг хүлээж авах билээ?
Хэрхэн би цаашид амьдрах билээ?"

Нуруундаа хадаастай ба тэргэнцэртэй
Зэрэгтэн Юнсүп Ким

"Халлилуяа!
Бурхан амьд!
Миний явж байгааг та
нар харж байна уу?"

Др. Жаерок Леегийн
залбирлаар дамжиж
эдгэрснийхээ дараа
Зэрэгтэн Ким Манминий
бусад гишүүдтэй хамтдаа
баярлаж хөөрцгөөсөн

эмнэлэгүүдээр дамжин эмчилгээн орж байсан боловч ямар ч өөрчилөлт гарахгүй байв. Тийнхүү тэрбээр тахир дутуугын нэгдүгээр группт хамрагдав. Бүсэлхийгээсээ доош Ким төмөр бүслүүр нуруу нугсаа хамгаалуулах үүднээс зүүдэг байв. Мөнтүүнчлэн, тэрбээр хэвтэж болохгүй байсан тул байнга суугаагаараа унттдаг байв.

Энэ хүнд хүчир цаг мөчид тэрбээр сүмийн сургаал номлолыгКим сонсож мэдэх боломжтой байсан ба тийнхүү Манмин сүм дээр хүрэлцэн ирж сургаалтай анх танилцав. Тэрбээр 1998 онд болсон Ариун Эдгэрэлтийн Тусгай Уулзалт үйл ажиллагаан дээр оролцоод агуу гайхамшигт эдгэрэлийг хүлээн авав. Тус уулзалтанд ирэхээс өмнө тэрбээр ганцаараа бие засах болон нуруугаараа хэвтэж чаддаггүй байв. Миний залбиралын дараа тэрбээр тэргэнцэрээсээ өөрөө босож чаддаг болон таягтай явж чаддаг болов.

Бүрэн бүтэн эдгэрэлтийг хүлээн авахын тулд Зэрэгтэн Ах Ким чин үнэнчээр бүх мөргөлийн уулзалтуудад оролцож байсан ба залбиралаа байнга хийдэг байв. Мөнтүүнчлэн, чин үнэнч сэтгэлтэйгээр өөрийгөө Долдугаар Хоёр Долоо хоногын Тсугай Сэргээлтийн Уулзалтанд бэлтгэн хорин нэгэн хоногын турш мацаг барив. Өвчтэй зовлонтой хүмүүст хандан намайг индэр дээрээс залбирал үйлдэх үед Зэрэгтэн Ах Ким асар тод гэрлийн туяа түүн дээр тусаж байгааг болон тэрбээр гүйж байгаагаа харав.

Хоёрдугаар долоо хоногын Уулзалтан дээр би түүний толгой дээр гараа тавин залбирал үйлдэхэд тэрбээр түүний бие нь маш хөнгөрсөн байгаагаа мэдрэв. Ариун Сүнсний гал түүний биед нэвчин орж түүнд байхгүй байсан хүч чадлыг өгөв. Тэрбээр бүслүүр, тэргэнцэр болон таягаа шидэв хаян эрх чөлөөтэй сайхан гүйж харайдаг болов.

Бурханы агуу гайхамшигт хүч чадлын тусламжтайгаар тэрбээр ердийн нэгэн хүний адил болов. Тэрбээр дугуй унан явдаг ба сүмдээ чин үнэнчээр үйлчилэн ажилладаг билээ. Мөнтүүнчлэн, Зэрэгтэн ах Ким хүнтэй хуримласан ба чин үнэнч сайхан амьдралаар амьдарч байгаа билээ.

Алчуурт Залбиралыг Хүлээн Аваад Тэргэнцэрээсээ Боссон нь

Манмин сүм дээр Бурханы бүтээн бий болгож байсан агуу гайхамшигт тохиолдолууд Библи дээр дурдсан шиг маш олон гайхамшигууд бий болсоор байдаг билээ. Бурханы агуу гайхамшигт хүч чадлууд нь алчуурт залбиралуудаар хүртэл биелэгдэн бий болсоор байдаг байв.

Үйлсийн 19:11-12-д "Бурхан Паулын гараар дамжуулан ер бусын гайхамшгуудыг бүтээж байлаа. Алчуур, бүсийг нь түүнээс авч өвчтэй хүмүүст хүргэхэд өвчин нь эдгэж, муу сүнснүүд зайлж байв." хэмээн дурдан хэлсэн байдаг. Үүнтэй адил, миний өвчин зовлонт хүмүүст хүргэгдэх үүднээс залбирсан алчуурт хүмүүс өвчтэй зовлонтой байгаа газраа хүргэхэд эдгэрэл адислалын гайхамшигт зүйлс бий болсоор байдаг билээ. Үүний улмаас маш олон хүмүүс алчуурт залбиралын крусайд үйл ажиллагааг өөрсдийн амьдардаг газар бий болгохыг хүссэн хүсэлт гаргаж байдаг билээ. Мөнтүүнчлэн, Африк, Пакистан, Индонеиз, Филиппини, Гондурас, Япон, Хятад, Орос болон маш олон орнуудад агуу гайхамшигт үйл ажиллагаанууд явагдсан билээ.

2001 оны Дөрөвдүгээр сард Индонеиз-д Манмин сүмийн нэгэн пастор маань алчуурт залбиралын крусайд үйл ажиллагааг явуулсан ба тэрхүү үйл ажиллагаан дээр маш олон хүмүүс Бурханы алдар сууг магтан дуулсан агуу гайхамшигуудыг хүлээн авцгаасан юм. Тэдгээр хүмүүсийн дунд хотын дарга байсан нэгэн хүн тэргэнцэр дээр суудаг байв.

Алчуурт залбиралын дараа тэрбээр эдгэрэн ангижирсаны дараа түүний эдгэрэлт нь маш том мэдээ болон цацагдав.

2003 оны Тавдугаар сард Манмин сүмийн нэгэн пастор Хятад улсад алчуурт залбиралын үйл ажиллагаа явуулж байхад гучин дөрвөн жилийн турш таягтай явдаг байсан хүн бүр мөсөн эдгэрсэн билээ.

2002 онд Энэтхэг Улсад Болсон Агуу Гайхамшигт Эдгэрэлтийн Залбиралт Фестивал дээр Ганеш Таягаа Авч Шидсэн нь

2002 онд Энэтхэг улсад болсон Гайхамшигт Эдгэрэлтийн

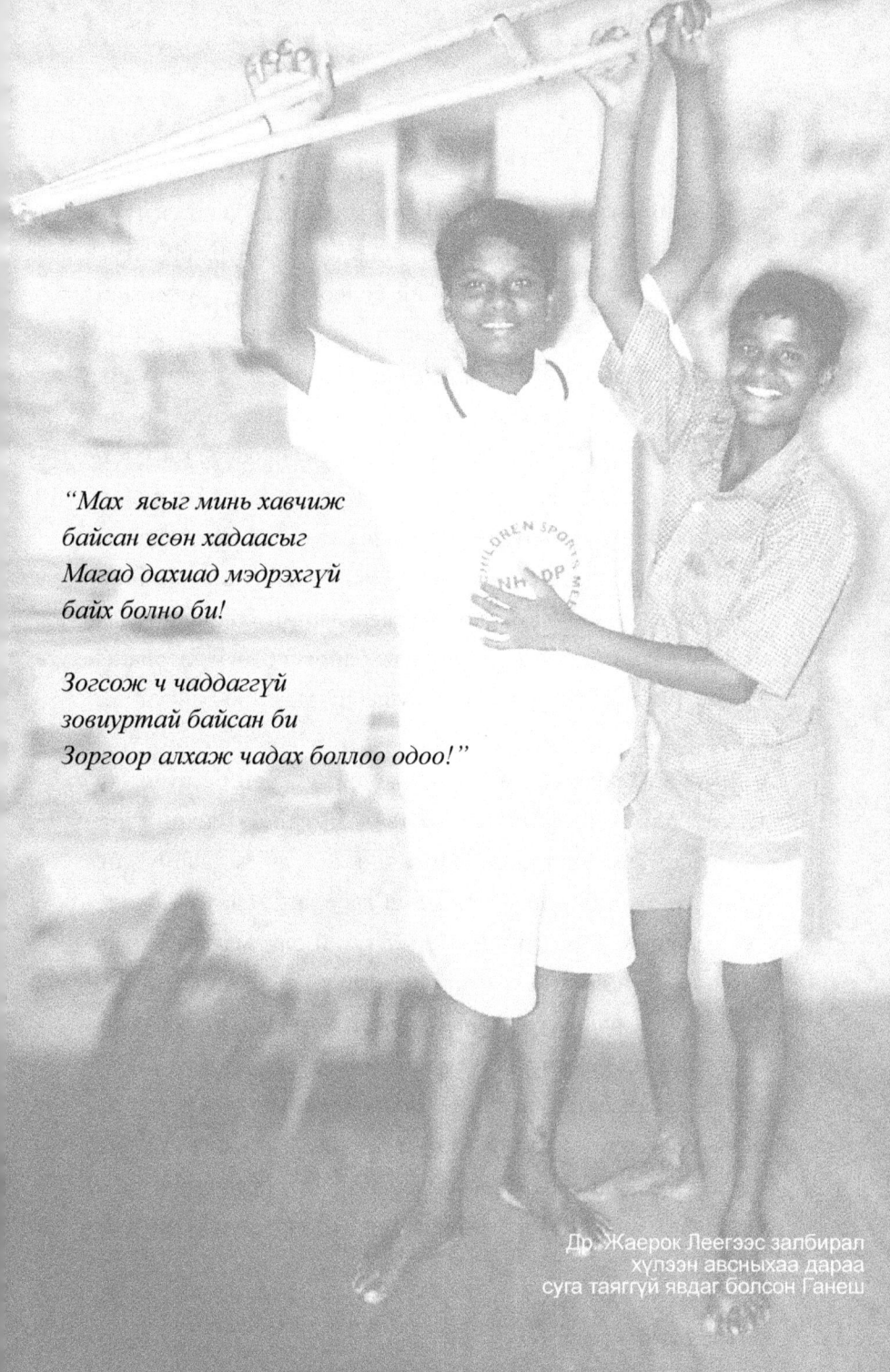

"Мах ясыг минь хавчиж
байсан есөн хадаасыг
Магад дахиад мэдрэхгүй
байх болно би!

Зогсож ч чаддаггүй
зовиуртай байсан би
Зоргоор алхаж чадах боллоо одоо!"

Др. Жаерок Леегээс залбирал
хүлээн авсныхаа дараа
суга таяггүй явдаг болсон Ганеш

Залбирал Фестивал нь Ченнай мужын Хинду Энэтхэгчүүд давамгайлсан газар зохион байгуулагдсан ба Бурханы агуу гайхамшигт эдгэрэл адислал бий болсон тэрхүү уулзалтан дээр гурван сая хүмүүс хуран цугларцгааны ихэнхи нь Христийн шашинд элсэн орцгоосон билээ. Энэхүү крусайд үйл ажиллагаа болохоос өмнө ясны сийрэгжилт болон хөгшилт нь сулрагдан тавигдаж үхмэл байсан эсүүд нь эргэн аажуухнаар сайжирав. Энэтхэгт болсон Крусайд нь хүний бие махбодийг бүрэн бүтэн байдлаар эдгээн анагааж байв.

Тэдгээр эдгэрэлт адислалуудыг хүлээн авч байсан хүмүүсийн нэг болох арван зургаан настай Ганеш хэмээх нэгэн хүү байв. Тэрбээр дугуй унаж байгаад баруун аарцагаа гэмтээсэн байв. Эдийн засгийн хувьд хүндрэлтэй байсан тул зохистой эмчилгээг хийлгэж чадсангүй. Олон жилийн турш тийнхүү явсаар байгаад хорт хавдар үүссэн ба эмч нар түүний баруун аарцагыг нь аван метал зүйлгэн есөн хадаасаар бэхлэн хадав. Чангалан хадсан хадаасууд нь түүнийг алхах болон дээш доош гарахад маш их өвдөлт үүсгэдэг байв. Тэрбээр крусайдын тухай олж мэдээд Ганеш Ариун Сүнсний галын үйлчилгээг мэдрэв.

Дөрвөн өдрийн турш үргэлжилсэн крусайдын хоёр дахь өдөр тэрбээр "Өвчтэй Хүмүүст Зориулсан Залбиралыг" хүлээн авсан ба түүний бие халуун буцламтгай тогоонд орсон мэт маш их халуу төөгөн бие нь ямар ч өвдөлтгүй болов. Тэрбээр тэр даруйдаа индэр дээр гарч ирэн гэрчилэлээ хуваалцав. Тийнхүү тэрбээр ямар ч таяг хэрэглэхгүй болсон

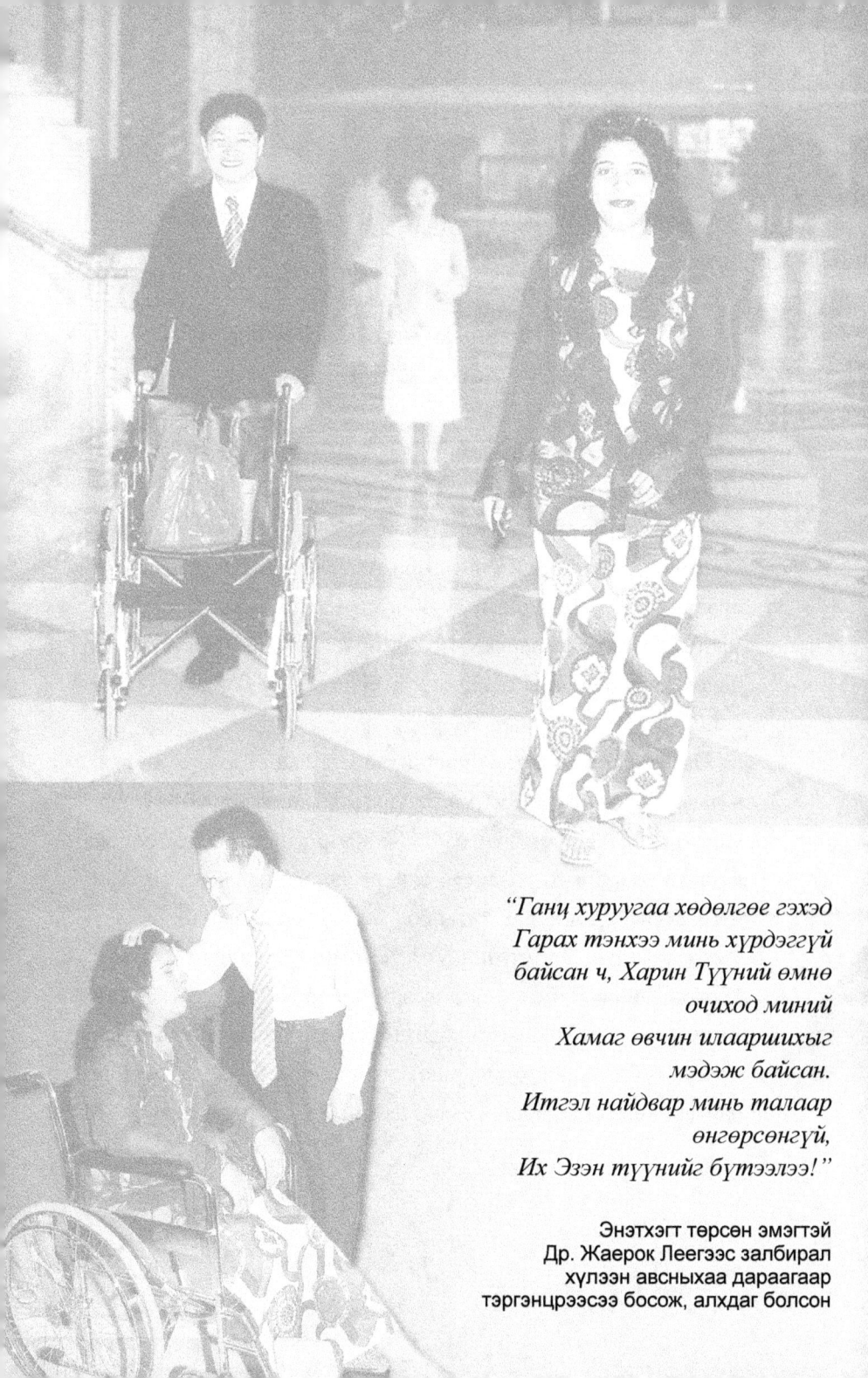

"Ганц хуруугаа хөдөлгөө гэхэд
Гарах тэнхээ минь хүрдэггүй
байсан ч, Харин Түүний өмнө
очиход миний
Хамаг өвчин илааршихыг
мэдэж байсан.
Итгэл найдвар минь талаар
өнгөрсөнгүй,
Их Эзэн түүнийг бүтээлээ!"

Энэтхэгт төрсөн эмэгтэй
Др. Жаерок Леегээс залбирал
хүлээн авсныхаа дараагаар
тэргэнцрээсээ босож, алхдаг болсон

ба бие нь бүрэн эдгэрэн ямар ч өвчин зовлонгүй болов.

Дубайн Нэгэн Эмэгтэй Тэргэнцэрээсээ Босож Ирсэн нь

2003 оны Дөрөвдүгээр сард Арабын Нэгдсэн Емират улсын Дубай хотод байхад миний залбиралын дараа Энэтхэг гаралтай нэгэн хүүхэн тэргэнцэрээсээ босон ирэв. Тэрбээр маш их ухаантай хүн байсан ба Америкийн Нэгдсэн Улсад суралцдаг байв. Түүний хувийн асуудлаас болоод тэрбээр маш их сэтгэл санааны хямралд ордог байсан ба түүнээсээ болоод автомашины осолд орон хүнд хэцүү байдалд орсон байв.

Намайг анх удаа тэр эмэгтэйтэй уулзахад тэр хүүхэн явж ч чадахгүй, ярих тэнхэлгүй ба унагасан шилээ ч газраас авч чадахгүй сул дорой хүн байв. Тэрбээр унагасан юм болон аягатай ус ч өргөж чадахгүй байдаг хэмээн надад хэлэв. Хэн нэгэн хүн түүнд хүрэх л юм бол тэр хүүхэнд маш их өвдөлт үүсдэг байв. Залбирал үйлдсэний дараа тэр хүүхэн тэргэнцэрээсээ босч чадаж байв. Тэр ч бүү хэл, хэдхэн минутын өмнө ярих ч тэнхэлгүй байсан хүүхэн өөрийн авч ирсэн зүйлсээ өөрөө хураан аваад өрөөнөөс гарч одож байгааг хараад би өөрөө ч маш их гайхав.

Иеремиагийн 29:11-д, "Учир нь та нарт зориулж байгаа төлөвлөгөөнүүдийг Би мэдэх бөгөөд тэдгээр нь та нарт ирээдүй ба найдварыг өгөхийн тулд гай гамшгийн бус, сайн сайхны төлөөх төлөвлөгөөнүүд юм" гэж ЭЗЭН тунхаглаж байна." хэмээн хэлсэн

байдаг. Бидний хайрт Эцэг Бурхан маань бидэнд маш их хайртай тул Түүний Цорын Ганц Хүүгээ бидэнд илгээсэн билээ.

Тиймээс, хэдий эрхэм та утга учиргүй бие махбодийн зовлонт амьдралаар амьдарч байгаа ч гэсэн Бурхан Тэнгэрлэг Эцэгт итгэн аз жаргалтай сайхан амьдрах итгэлтэй байх аваас олж авах боломжтой билээ. Тэрбээр үр хүүхдүүдээ ямар нэгэн өвчин зовлонд тарчлан зовоогдож байхыг харахыг хүсдэггүй билээ. Мөнтүүнчлэн, дэлхий дахинаа энх тунх, аз жаргал сайхан сайханг бий болгохыг туйлын ихээр хүсдэг билээ.

Маркын 2-р бүлэгт дурдсан саа өвчтэй хүний түүхийн адил эрхэм та сэтгэл зүрх тань юуг хүсч байгааг эрхэмлэн бий болгох боломжтой аргуудыг олж мэдвэл хүссэн зүйлсээ олж авах боломжтой юм. Итгэлийн агуу гайхамшигт хэрэгсэлийг өөртөө бий болгон хүссэн болгоноо хүлээн авах боломжтой байгаасай хэмээн Их Эзэн Есүс Христийн нэрээр залбиран гуйнам!

Мэдээ 8

Хүмүүс Хөөрч Баярлан, Дуулж, Бүжиглэцгээх болно

Марк 7:31-37

Есүс дахин Тирийн
дүүргээс явж Сидоныг
дайран Декапол дүүрэгт байдаг
Галил нуур уруу очив. Хүмүүс
Түүн уруу дүлий, талтираа хэлтэй
хүнийг авчирч түүний дээр
мутраа тавиач гэж Есүсээс гуйжээ.
Есүс тэр хүнийг хурсан олноос зайдуу
ганцааранг нь аваачаад, хуруугаа
чихэнд нь хийж, нулимаад
хэлэнд нь хүрэв.
Есүс тэнгэр өөд ширтэн гүн санаа алдаад, түүнд
-Еффата буюу 'Нээгд' гэж тушаасанд,
өнөөх хүний чих нь онгойж, хэлний нь
согог арилж, зөв ярих болов. Хэнд ч ярьж
болохгүйг Тэр тэдэнд тушаасан боловч
Түүнийг хорих тусам тэд улам бүр
зарлан түгээж байлаа. Тэд
-Тэр бүгдийг сайнаар үйлдсэн.
Тэр дүлийг сонсголтой болгож, хэлгүйг
ярьдаг болголоо хэмээн ярилцаж үнэнхүү гайхаж
байв

Цаашлаад Матай 4:23-24-т:

Есүс бүх Галилаар явахдаа синагогуудад нь сургаал айлдаж, хаанчлалын сайн мэдээг тунхаглаж, олон түмний доторх алив төрлийн өвчин эмгэгийг эдгээж байлаа.

Түүний тухай зар бүх Сири даяар тархсанд, хүмүүс зовж шаналсан, чөтгөр шүглэсэн, унаж татдаг өвчтэй, саа өвчтэй бүхнийг Түүн дээр авчрахад Есүс тэднийг эдгээжээ. гэснийг бид олж мэднэ.

Есүс зөвхөн Бурханы сургаал ба хаанчлалын сайн мэдээг тунхаглаад зогсоогүй, бас алив төрлийн өвчин эмгэгээр шаналж байгаа тоо томшгүй олон хүмүүсийг эдгээсэн юм. Хүний хүчин мөхөсдөж байсан өвчин эмгэгүүдийг эмчилснээр, Есүсийн тунхагласан үг хүмүүсийн сэтгэлд хоногшиж, тийнхүү Тэр тэднийг итгэлээр нь диваажин уруу хөтөлсөн байна.

Хэлгүй, Дүлий Хүнийг Есүс Эдгээсэн

Марк 7-д Есүсийн Тирээс Сидон хүртэл, тэндээсээ Галилын Тэнгис хүртэл ба Декаполис бүс нутагт аялж, хэлгүй, дүлий хүнийг эдгээсэн үеийн тухай өгүүлсэн байдаг. Хэрвээ хэн нэгнийг "арайчуу ярьдаг" гэвэл энэ нь тэрээр ээрч гацдаг ба чөлөөтэй ярьж чаддаггүй гэсэн үг юм. Энд хэсэгт гарсан тэр хүн хүүхэд байхдаа ярьж сураад хожим дүлий болон, тэгээд одоо "арайчуу ярьдаг" болсон байж мэдэх юм.

Ерөнхийдөө, "хэлгүй дүлий" гэж сонсголгүйгээсээ болоод хэлд ороогүй бөгөөд ярьж чаддаггүй хүнийг хэлдэг бол "брадиакусиа" гэдэгт сонсголын бэрхшээлтэйг хамааруулдаг. Хүн хэлгүй, дүлий болох олон шалтгаанууд байдаг. Тэдгээрээс эхнийх нь удамшил юм.

Хоёрт, жирэмсний тээлтийн хугацаанд эх нь улаан бурхнаар өвдсөн юмуу эсвэл эмийг буруу хэрэглэснээс болоод хүүхэд төрөлхийн хэлгүй дүлий төрдөг. Гурав дахь шалтгаан нь, хүүхэд хэлд орж байгаа гурав, дөрвөн насандаа менингитээр өвдвөл хэлгүй дүлий болж болох юм. Брадиакусиа тохиолдолд, чихний хэнгэрэг нь хагарсан бол сонсголын аппарат тус нэмэртэй байх болно. Хэрвээ сонсголын мэдрэлийн өөрийн нь гэмтэл болсон бол сонсголын аппарат тус болохгүй. Дуу шуугиан маш ихтэй орчинд ажилладаг юмуу эсвэл наснаасаа түрүүлж сонсгол муудах зэрэг бусад тохиолдлуудад үндсэн эмчилгээ гэж байхгүй гэсэн үг болно.

Үүн дээр нэмэхэд, чөтгөр шүглэсэн хүн хэлгүй юмуу дүлий болж болох юм. Ийм тохиолдолд, сүнслэг эрх мэдэл бүхий хүн бузар сүнсийг зайлуулахад тэр хүн тэр дороо л сонсож, ярьж эхэлнэ. Марк 9:25-27-д Есүс ярьж чаддаггүй хүүд шүглэсэн бузар сүнсийг зэмлэж, "Хэлгүй, дүлий сүнс ээ. Би чамд тушааж байна. Түүнээс гар. Дахиж түүнд бүү ор" (v.25) хэмээн айлдахад бузар сүнс хүүг даруй орхин гарч, тэр хүү зүгээр болов гэжээ.

Бурхан үйлчилж байхад өвчин ба доройтол та нарт хэзээ ч аюул занал учруулахгүй гэдэгт итгээрэй. Иеремиа 32:27-д "Үзэгтүн, Би бол ЭЗЭН, бүх махан биейин Бурхан. Надад ямар нэгэн зүйл дэндүү хэцүү юу?" гэснийг бид олж мэддэгийн учир ийм ажгуу. Дуулал 100:3-т "ЭЗЭН өөрөө бол Бурхан гэдгийг мэдтүгэй. Биднийг бүтээсэн нь Тэр бөгөөд бид өөрсдөө бус юм. Бид Түүний ард түмэн, Түүний бэлчээрийн хонин сүрэг" гэж бидэнд уриалдаг бол Дуулал 94:9 "Чихийг бүтээсэн Тэрээр сонсохгүй гэж үү? Нүдийг бүтээсэн Тэрээр харахгүй гэж үү?" хэмээн бидэнд сануулдаг. Бидний нүд, чихийг бүтээсэн Бүхнийг Чадагч Эцэг Бурханд бид зүрх сэтгэлийнхээ угаас

итгэж байхад бүх юм бүтнэ. Махан биеэр энэ дэлхийд

ирсэн Есүст бүх юм боломжтой байсны учир ийм ажээ. Марк 7-д бидний олж мэддэгчлэн, Есүс хэлгүй, дүлий хүнийг эдгэрүүлэхэд, тэр хүний чих онгойж, Түүний сургаал үгс утга төгөлдөр болжээ.

Бид Есүс Христэд зөвхөн итгээд зогсохгүй бас төлөвшсөн итгэлтэйгээр Бурханы хүчийг хүсвэл, Библьд дурьдсан тэр үйлс өнөөдөр ч биеллээ олох юм. Үүнийг Еврей 13:8-д, "Есүс Христ өчигдөр ч өнөөдөр ч хэвээрээ бөгөөд мөнхөд хэвээрээ байна," гэдэг бол Ефес 4:13-д "Бид бүгд итгэл хийгээд Бурханы Хүүг мэдэх мэдлэгийн нэгдэл хүртэл, төлөвшсөн хүн болтол, Христийн дүүрэн байдлын чанарын хэмжээнд хүртэл ингэх ажээ" гэж бидэнд сануулдаг.

Гэсэн хэдий ч, мэдрэлийн эсүүдийн үхжилийн үр дагавар болох биеийн хэсгүүдийн доройтол юмуу эсвэл хэлгүй, дүлий нь эдгэрэлтийн бэлгээр эдгэрдэггүй. Гагцхүү Есүс Христийн дүүрэн байдлын чанарын бүрэн хэмжээнд хүрсэн хүн л, Бурханаас хүч ба эрх мэдлийг хүлээн авч, Бурханы хүсэлтэй нийцэн залбирахад эдгэрэлт биеллээ олох юм.

Бурхан Манминд Дүлийг Эмчилсэн Жишээнүүд

Би брадиакусиа нь эмчлэгдсэн олон тохиолдлууд болоод

Дүлий нь эмчлэгдсэн
хүмүүсийн талархлын дуу

"Бэлэглэсэн
амьдралтай чинь энэ
дэлхий дээр
Бид Таныг хүлхээр
алхах болно.

Болор мэт цэвэр сүнс нь
Тань уруу очиж байна

55 жил дүлий байгаад эмчлэгдсэнийхээ дараа Зэрэгтэн
Напшим Парк Бурханд алдрыг өгч байна

төрөхөөсөө сонсголгүй байгаад анх удаа сонсох болсон тоймгүй олон хүний гэрч болж байсан. Тавин тав ба тавин долоон насандаа анх удаа сонсох болсон хоёр хүн байдаг.

2000 оны 9-р сард намайг Японы Нагояд Гайхамшигт Эмчилгээний Фестивалийг удирдаж байхад, сонсголын эмгэгтэй шаналж байсан арван гурван хүн миний залбирлыг хүлээн авсан даруйдаа эдгэрсэн юм. Энэ мэдээ эргээд Солонгос дахь сонсголын согогтой олон хүмүүст хүрч, тэднээс олон хүн 2001 оны тавдугаар сард болсон ес дэх удаагийн Хоёр-долоо хоногийн Тусгайлсан Сэргээх Цуглаанд оролцож, эдгэрцгээн, Бурханыг ихэд алдаршуулсан билээ.

Тэдний дотор найман настайдаа осолд орсноосоо хойш хэлгүй, дүлий болсон гучин гурван настай эмэгтэй байлаа. 2001 оны Цуглаанаас өмнөхөн манай сүмд хөтлөгдөж ирснийхээ дараа тэрээр хариулт хүлээн авахад өөрийгөө бэлдсэн. Тэр эмэгтэй өдөр бүр "Даниел Залбирлын Цуглаан"-д оролцож, өнгөрсөн үеийн нүглээ санах бүртээ зүрх нь шархалдаг байлаа.

Сэргээх Цуглаанд буурьтай хүсэж, бэлдсэнийхээ дараа тэр, Цуглаанд оролцсон. Цуглааны төгсгөлийн хэсэгт намайг тэдний төлөө залбирахаар гараа хэлгүй дүлийчүүд дээр тавихад, тэр эмэгтэй даруй өөрчлөлт мэдрээгүй. Гэхдээ тэр гутраагүй юм. Харин ч эдгэрэл хүлээн авагсад баяр, талархалтайгаар гэрчлэхийг хараад өөрөө ч бас эдгэрнэ гэдэгтээ тэр чин сэтгэлээсээ улам бүр итгэсэн.

Бурхан үүнийг нь итгэл хэмээн үзэж тэгээд Цуглаан дууссаны дараа төдөлгүй тэр эмэгтэйг эдгээсэн юм. Бурханы хүчийг илчилсэн үйлдлийг би Цуглаан дууссаны дараа ч үзэж байсан. Түүгээр барахгүй, тэр эмэгтэйд хийсэн сонсголын сорил хоёр чих нь бүрэн эдгэрснийг баталсан билээ. Халлилуяа!

Төрөлхийн Дүлий Хүн Эдгэрэлт Хүлээн Авсан

Бурханы хүчний илрэлийн далайц жилээс жилд нэмэгдсээр байна. 2002 оны Гондурасын Гайхалтай Эмчилгээний Аяны үед хэлгүй, дүлий олон хүмүүс сонсож, ярьдаг болцгоосон. Аяны явцад хамгаалалтын албаны даргын охин насан туршийн дүлийрлээсээ эдгэрсэн ба тэрээр туйлын их догдолж, хязгааргүй талархаж байсан юм.

Найман настай Мадлейн Яаимин Бартрес охины өрөөсөн чих нь хэвийн бус ургасан байсан тул тэр охин аажмаар сонсголоо алдаж байлаа. Тэр аяны тухай сонсоод Мадлеин аанаасаа тэнд аваачихыг гуйжээ. Залбирлын туршид тэрээр арвин их өршөөл хүлээн авч, бүх өвчний тухайд миний залбирлыг хүлээн авсныхаа дараагаар, тод сонсож эхэлсэн. Аав нь энэ аянд үнэнчээр үйлчилсэн болохоор, Бурхан түүний хүүхдийг ийм байдлаар адислажээ.

2002 оны Энэтхэгийн Гайхамшигт Эмчилгээний Залбирлын Фестиваль дээр Женифер Сонсголын Аппаратнаасаа Салсан

Энэтхэгийн аяны туршид ба дараа нь эдгэрэлтийн тоолж барамгүй олон гэрчлэлт бүрийг бүртгэх боломжгүй байсан хэдий ч, зарим шилэгдмэл хэдхэний төлөө ч болтугай бид Бурханд талархал ба алдрыг өгөхөөс аргагүй. Эдгээрийн нэг нь төрөлхийн хэлгүй, дүлий Женифер охины түүх юм. Эмч түүнд сонсголыг бага зэрэг дэмжих аппарат зүүхийг санал болгохдоо сонсгол нь төгс байж чадахгүй гэдгийг сануулжээ.

Жениферийн ээж өдөр бүр охиноо эдгэрээсэй хэмээн залбирч байхад, тэд аянд оролцсон юм. Чанга яригчтай ойрхон байх нь юутай ч Жениферт төвөгтэй биш болохоор эх охин хоёр том чанга яригчийн нэгний нь дэргэд сууцгаасан байлаа. Гэсэн ч аяны сүүлчийн өдөр, олон хүн чихэлдсэний улмаас тэд чанга яригчтай ойр суудал олж чадаагүй юм. Дараа нь болсон явдал үнэхээр итгэхийн аргагүй байлаа.

Жениферийн төрөлхийн дүлий нь эмчлэгдсэн ба түүний эмчийн тодорхойлолт

CHURCH OF SOUTH INDIA
MADRAS DIOCESE
C. S. I. KALYANI MULTI SPECIALITY HOSPITAL
15, Dr. Radhakrishnan Salai, Chennai-600 004. (South India)

Phone: 857 11 01
859 23 05

Ref. No.   Date: 15/10/02

Audiogram Result: Moderate to severe sensori-neural hearing loss i.e 50% - 70% hearing loss. Chindu

To whom it may concern

Miss Jennifer aged 5 yrs has been examined by me at CSI Kalyani hospital for her hearing.

After interacting with the child and observing her and after examining this child, I have come to the conclusion that Jennifer has definitely good hearing improvement now than before she was prayed for. Her mother's observation of her child is far more important and the mother has definitely noticed improvement in her child's hearing ability. Jennifer hears much better without the hearing aid, responding to her name being called when as previously she was not, without the aid

Medical Officer,
C. S. I. KALYANI GENERAL HOSPITAL

Намайг индэр дээрээс залбирлаа гүйцээсний дараахан Женифер ээждээ, энэ бүх чимээ авиа хэтэрхий чанга байгаа тул сонсголын аппаратыг нь авахыг гуйжээ. Халлилуяа!

Эдгэрлийн өмнөх эмнэлгийн магадлагаагаар бол Женифер нь сонсголын аппаратгүйгээр маш өндөр хүчдэлтэй авиаг ч сонсдоггүй байлаа. Өөрөөр хэлбэл, Женифер сонсголоо зуун хувь алдсан байсан боловч тэр залбирлын дараагаар түүний сонсголын 30-50 хувь нь эргэн сэргэсэн нь тогтоогдсон юм. Хамар хоолойн эмч Кристинагийн хийсэн Жениферийн тодорхойлолтыг дор дурьдав:

> 5 настай Жениферийн сонсох чадварыг шалгахын тулд би түүнийг Калианы Олон Мэрэгжлийн Эмнэлгийн C.S.I-д үзсэн юм. Жениферийг үзэж, түүнтэй ярилцаад, энэ залбирлын дараа түүний сонсгол илэрхий, гайхалтай сайжирсан байна гэсэн дүгнэлтэд би хүрсэн билээ. Жениферийн ээж бас тийм бодолтой байлаа. Жениферийн сонсгол баттай бөгөөд эрчимтэй сайжирчээ гэдгийг тэр мөн миний адил ажигласан юм. Энэ үед Женифер ямар ч аппаратгүйгээр сайн сонсож, хүмүүс нэрээр нь дуудахад зөв хариулж байлаа. Энэ бол залбирлын өмнө аппаратгүйгээр болж байгаагүй тохиолдол байлаа.

Зүрх сэтгэлээ итгэлд бэлдэгсдэд, Бурханы хүч ямар ч эргэлзээгүй илэрнэ. Мэдээж, Христэд итгэдэг амьдралаар замнахын хэрээр өвчтөнүүдийн биеийн байдал өдрөөс өдөрт удаан хугацаагаар сайжирдаг олон тохиолдлууд байдаг.

Ихэнхдээ, бага залуугаасаа дүлий байгсдад Бурхан гүйцэт эдгэрэл эхлээд өгдөггүй. Эдгэрсэн мөчөөсөө л сайн сонсдог болчихвол, тэдний хувьд энэ бүх дуу чимээг тэсвэрлэхэд амаргүй болдог. Хэрвээ өсөж томорсныхоо дараа сонсголоо алдсан бол тэдний хувьд дуу чимээнд дасан зохицох нь төдийлэн их хугацаа шаарддаггүй тул Бурхан тэднийг бүрэн гүйцэт эмчилж болно. Ийм тохиолдолд, хүмүүс эхэндээ балмагдаж болох авч, нэг, хоёр хоносны дараагаар тайвшран, сонсох чадвартаа дасан зохицдог.

2003 оны дөрөвдүгээр сард Арабын Нэгдсэн Емиратын Дубайд аялж байх үедээ би хоёр настайдаа тархины менингитээр өвдсөнийхөө дараагаар ярих чадвараа алдсан гучин хоёр настай эмэгтэйтэй уулзсан билээ. Миний залбирлыг хүлээн авсан даруйдаа тэр эмэгтэй "Баярлалаа" хэмээн маш тод хэлсэн юм. Би түүний энэ хэлснийг талархлын илэрхийлэл л гэж бодож байсан боловч түүний эцэг эх надад охин нь сүүлчийн удаа "Баярлалаа" гэж шулганаснаас хойш гучин жил өнгөрөөд байгаг өгүүлсэн юм.

Хэлгүйг Ярьдаг, Дүлийг Сонсдог Болгодог Хүчийг Биеэр Мэдрэх нь

Марк 7:33-35-д:

Есүс тэр хүнийг хурсан олноос зайдуу ганцааранг нь аваачаад, хуруугаа чихэнд нь хийж, нулимаад хэлэнд нь хүрэв. Есүс тэнгэр өөд ширтэн гүн санаа алдаад, түүнд 'Еффата' буюу 'Нээгд' гэж тушаасанд, өнөөх хүний чих нь онгойж, хэлний нь согог арилж, зөв ярих болов гэжээ.

Энд, "Еффата" гэдэг нь еврей хэлээр "Нээгд" гэсэн утгатай ажээ. Есүс бүтээгчийн жинхэнэ дуу хоолойгоор тушаахад, тэр хүний чих онгойж, хэл нь зүгширсэн байна.

Тэгвэл Есүс "Еффата" гэж тушаахынхаа өмнө яагаад тэр хүний чихэнд хуруугаа хийсэн юм бол оо? Ром 10:17-д "Тиймээс итгэл нь сонсохоос, сонсох нь Христийн үгээр илэрдэг" гэдгийг бидэнд хэлдэг. Тэр хүн сонсдоггүй болохоор итгэл олох нь түүнд амаргүй байсан.

Түүнээс гадна, тэр эдгэрэлт хүлээн авахын тулд Есүсийн өмнө ирээгүй юм. Харин, хүмүүс түүнийг Есүсийн өмнө авчирсан байна. Хуруунуудаа тэр хүний чихэнд хийснээр тэр хүнд итгэл олоход нь Есүс хуруунрыхаа мэдрэмжээр дамжуулан тусалсан юм.

Бурханы хүчийг Есүс илэрхийлж байх үйл явцад шингэсэн сүнслэг утгыг ойлгосон цагт л, бид Түүний хүч чадлыг биеэр мэдэрч чадна. Ямар өвөрмөц үе шатуудыг бид туулах вэ?

Эдгэрэлт хүлээн авахын тулд юуны түрүүнд бид итгэлийг эзэмших ёстой.

Энэ нь хэдий ялимгүй ч бай, эдгэрэлт хүлээн авах шаардлагатай хүн итгэл эзэмших ёстой. Гэхдээ, Есүсийн цаг үеэс ялгаатай ба соёл иргэншлийн ололтоос болоод сонсголын согогтой хүн ч бурхны сургаалыг нэвт сурч чадах дохионы хэл зэрэг олон арга хэрэгсэл бий болжээ. Хэдэн жилийн өмнөөс Манминд номлолын бүх илгээмжүүд даруй дохионы хэлэнд хөрвүүлэгдэж эхэлсэн. Түүнчлэн урьд өмнөх илгээмжүүдийг дохионы хэлээр шинэчлэн вэб хуудсуудад бас үргэлжлүүлэн оруулсаар байгаа юм.

Түүнээс гадна, ном, сонин, сэтгүүл, аудио болон видео хуурцгийн бичлэг зэрэг бусад олон өөр арга хэрэгслээр дамжуулан та нар өөрийн шийдсэн дагуу итгэл удтал эзэмшиж чадах юм. Итгэлд нэгэнт хүрсэн бол та нар

Бурханы сүр хүчийг мэдэрч чадна. Итгэл эзэмшихэд чинь туслахын тулд би та нарт нилээдгүй гэрчлэлийг дурьдаж байсан.

Дараа нь, бид өршөөлийг хүлээн авах ёстой.

Есүс яагаад тэр хүний чихэнд хуруугаа хийснийхээ дараа түүнийг нулимж, хэлэнд нь хүрсэн юм бол оо? Энэ нь усан баталгааг сүнслэгээр бэлэгдэж байгаа бөгөөд тэр хүний нүглийг өршөөхөд зайлшгүй шаардлагатай байжээ. Усан баталгаа гэдэг нь цэвэр ус мэт Бурханы айлтгалаар бид бүхий л нүгэл хилэнцээсээ ангижирч ариусна гэсэн утгатай юм. Бурханы хүчийг биеэр мэдрэхийн тулд, хүн юуны түрүүнд нүгэл хилэнцийн асуудлуудаа цэгцлэх ёстой. Тэр хүний бохирыг ариулахдаа, Есүс усыг шүлсээрээ орлуулж, тийнхүү тэр хүний өршөөлийг бэлэгдсэн. Исаиа 59:1-2-т:"Үзэгтүн, ЭЗЭНий мутар аварч чадахааргүй богино биш ээ. Түүний чих сонсож чадахааргүй дүлий биш ээ. Харин та нарын гэм буруу нь та нарыг Бурханаас хагацуулан, та нарын нүглүүд Бурханы нүүрийг та нараас далдалжээ. Тийм учраас Тэр сонсдоггүй" гэж бидэнд хэлдэг.

Шастирын дэд 7:14-т: "Миний нэрээр дуудагдсан Миний

хүмүүс өөрсдийгөө даруу байлган, залбирч, Миний нүүрийг эрэлхийлж, бузар муу замуудаасаа эргэх аваас, би тэнгэрээс сонсож, тэдний нүглийг уучлан, тэдний газар нутгийг эдгээнэ" хэмээн Бурхан бидэнд амласанчлан, хариулт хүлээн авахын тулд та нар Бурханы өмнө үнэнээсээ өөрсдийгөө эргэн харж, зүрхээ зүсэн байж гэмших ёстой.

Бид юунд Бурханы өмнө гэмших ёстой вэ?

Нэн түрүүнд, та нар Бурханд итгэдэггүй, Есүс Христийг хүлээж аваагүй байсандаа гэмших хэрэгтэй. Хүмүүс Түүнд итгэдэггүй болохоор, гэмт хүмүүсийг нүглийн нь төлөө Ариун Сүнс шийтгэх болно гэдгийг Иохан 16:9-д, Есүс бидэнд хэлдэг. Их Эзэнийг хүлээн авахгүй байгаа чинь нүгэл гэдгийг та нар ухаарч, тэгээд Их Эзэн ба Бурханд итгээрэй.

Хоёрдугаарт, хэрэв ах дүү нараа хайрладаггүй байсан бол та нар гэмших хэрэгтэй. 1 Иохан 4:11-д, "Хайртууд минь, хэрэв Бурхан биднийг ийнхүү хайрласан бол бид ч бие биеэ хайрлах ёстой" гэж бидэнд сургадаг. Ах чинь чамайг үзэн яддаг бол чи хариуд нь түүнийг үзэн ядахын оронд, харин хүлээцтэй, өршөөнгүй байх хэрэгтэй. Мөн чи өөрийн дайснаа хайрлах ёстой ба эхлээд түүнд ашигтай талыг хайж, өөрийгөө түүний оронд байгаагаар сэтгэж, аяглаарай. Бүх хүмүүсийг хайрладаг болсон цагт чинь Бурхан чамд мөн нигүүсэл, ивээл, эдгэрүүлэх үйлсээ үзүүлэх болно.

Гуравдугаарт, хэрвээ чи өөрийн ашиг сонирхлын төлөө залбирдаг байсан бол гэмш. Хувиа хичээн залбирагсдыг Бурхан таалдаггүй. Тэр чамд хариулахгүй. Тэр байтугай, та нар одооноос Бурханы хүсэлтэй нийцүүлэн залбирах хэрэгтэй.

Дөрөвдүгээрт, хэрэв та нар залбирдаг ч эргэлздэг байсан бол гэмш. Иаков 1:6-7 "Харин тэр ямар ч эргэлзээгүйгээр итгэлээрээ гуйг. Учир нь эргэлзэгч нэгэн нь салхиар туугдан давалгаалах тэнгисийн долгио мэт ажээ. Тийм хүн Эзэнээс юм авна гэж бүү найдаг." Иймийн тул залбирахдаа бид итгэлээр залбирч, Түүнд таалагдах ёстой. Түүнээс гадна, Еврей 11:6-д "Итгэлгүйгээр таалагдана гэдэг боломжгүй юм" гэж бидэнд сануулдагчлан, эргэлзээ тээнэгэлзлээ таягдан хаяж гагцхүү итгэлээрээ гуйх хэрэгтэй.

Тавдугаарт, Бурханы тушаалыг сахьдаггүй байсан бол чи гэмш. Иохан 14:21-д "Миний тушаалуудыг сахидаг хүн Намайг хайрлагч мөн. Намайг хайрлагч хүн Миний Эцэгт хайрлагдана. Би тэр хүнийг хайрлаж, Өөрийгөө түүнд илчилнэ" хэмээн Есүс бидэнд хэлсэнчлэн, Түүний тушаалуудыг сахиж, Бурханыг хайрлах баталгааг үзүүлсэн цагт та нар Түүнээс хариулт хүлээж авч чадна. Итгэгч нар үе үе замын осолд ордог. Учир нь тэдний ихэнх нь Их Эзэний Өдрийг ариунаар сахьдаггүй эсвэл аравын нэгээ өгдөггүй байснаас ийм болдог байна. Нэгэнт тэд Христчдын журмын хамгийн үндсэн цогц, Арван Тушаалуудыг сахиагүй болохоор, Бурханы хамгаалалтанд орж чаддаггүй. Түүний тушаалуудыг үнэнчээр сахигчид Бурханы хамгаалалтад байдаг ч зарим нь өөрсдийн буруугаасаа болоод осолд ордог. Ийм тохиолдлуудад, машин нь зад хэмхэрчихээд байхад доторхи хүн нь гэмтээгүй байх нь Бурхан тэднийг хайрладаг ба Өөрийн хайраа баталж үзүүлж байгаа хэрэг юм.

Түүнээс гадна, Бурханыг мэддэггүй байсан хүмүүс ихэвчлэн залбирал хүлээн авсныхаа дараа түргэн эдгэрцгээдэг. Сүмд ирж байгаа нь өөрөө тэдний итгэлийн үйл хэрэг учраас Бурхан тэдэнд үйлчилдэг. Хүмүүс итгэж, үнэнийг мэдэж байхдаа, Бурханы тушаалуудыг сахихгүй, Түүний Үгээр амьдрахгүй байсаар аваас энэ нь тэдгээр хүмүүс ба Бурханы хооронд хана хэрэм болж, тийнхүү тэд эдгэрэлт хүлээн авдаггүй. Шүтээнд бишрэгчид мэдээг сонсоод аянд оролцож байгаа баримт нь Бурханы тааллаар бол итгэлийн илрэл болохоор далайн чанадын Агуу Их Нэгдсэн Аяны туршид Бурхан үл итгэгчдийн дунд асар их ололттой ажилласан юм.

Зургаадугаарт, тариа тарьж байгаагүй бол чи гэмших ёстой. Галат 6:7-д "Хүн юу тарьснаа л хурааж авдаг" гэж сургасанчлан, Бурханы хүчийг мэдрэхийн тулд чи юуны түрүүнд номлолын үйл ажиллагаанд үйгагүй оролцох хэрэгтэй. Чи өөрийн биеийг тарьсан цагт, эрүүл мэндийн адислал хүлээж авна, эд баялгаа тарьж ургуулбал эд баялгийн ерөөл хүлээн авах болно гэдгийг санаарай. Тийнхүү, тарьж ургуулаагүй байж хурааж авахыг хүссэн бол чи үүндээ гэмших ёстой.

1 Иохан 1:7-д "Харин Тэр Өөрөө гэрлийн дотор байдагчлан бид гэрлийн дотор явбал, бид бие биетэйгээ нөхөрлөж Түүний Хүү Есүсийн цус биднийг бүх нүглээс цэвэрлэдэг ажээ" гэжээ. Түүгээр барахгүй, 1 Иохан 1:9-д дурьдсан "Хэрэв бид нүглээ хүлээн зөвшөөрвөл Тэрээр итгэмжит, зөвт бөгөөд бидний нүглийг уучилж, бүх л зөвт бус байдлаас биднийг цэвэрлэнэ" хэмээх Бурханд амласныхаа төлөө мацаг барихдаа өөрийн өнгөрснөө эргэн

харж, гэмшин, гэрлийн дотор алхаарай.

Та нарыг Бурханы нигүүслийг хүлээн авч, хүссэн бүхнээ хүлээн авч, Түүний хүчин чадлаар эрүүл мэндийн адислал төдийгүй амьдралын бүх л ажил үйлс, эд юмсдаа ерөөл хүртэх болтугай хэмээн бидний Их Эзэн Есүс Христийн нэрээр би залбирья!

Мэдээ 9

Бурханы Үл Буурах Гайхамшигт Өгөөмөр Энэрэл Хайр

Дэд хууль 26:16-19

*ЭЗЭН Бурхан чинь өнөөдөр
чамд энэ зарлиг хууль тогтоолыг
дагаж мөрдүүлэхээр тушааж байна.
Тиймээс чи тэдгээрийг
бүх зүрх, бүх
сэтгэлээрээ хичээнгүйлэн дагаж мөрд.
Өнөөдөр чи ЭЗЭНийг өөрийн Бурхан гэж зарлан,
Түүний замаар явж,
Түүний зарлиг тушаал, хууль
тогтоолыг сахиж, дуу хоолойг нь сонсохоо
тунхаглалаа. ЭЗЭН ч бас чамд амласан
ёсоороо өнөөдөр чамайг
Өөрийнхөө
эрхэм нандин ард түмэн хэмээн зарлан,
Өөрийнхөө бүх тушаалыг сахиулна гэдгийг
тунхагласан. Мөн чамайг
Өөрийн бүтээсэн
бүх улс үндэстний дээр магтаал, алдар,
хүндлэлээр дээдлэн, айлдсан ёсоороо
чамайг ЭЗЭН Бурханы ариун ард
түмэн болгохоор тунхагласан.*

Хамгийн агуу хайрыг нэрлэ гэвэл, олон хүмүүс эцэг эхийн хайрыг, ялангуяа нялх үрээ хайрлах эхийн хайрыг хэлэх байх. Бас Исаиа 49:15-д "Эх хүн хөхүүл хүүхдээ мартаж чадах уу? Төрүүлсэн хөвгүүнээ энэрэхгүй байж чадах уу? Хэдийгээр тэр мартаж болох ч, Би чамайг мартахгүй" гэсэн байдгийг бид мэднэ. Бурханы цаглашгүй их хайрыг нялх үрээ гэх эхийн хайртай ч зүйрлэхийн аргагүй юм.

Хайрын Бурхан бүх хүмүүсийг авралд хүрэх төдийгүй, бас агуу гайхамшигт диваажинд мөнхийн амьдрал, адислал, баяр жаргалд умбаасай хэмээн хүсдэг. Тийм болохоор Тэр Өөрийн хүүхдүүдийг зовлон зүдгүүр, гутрал цөхрөлөөс ангижруулан, тэдний хүссэн бүгдийг нь өгөхийг хүсдэг ажээ. Бурхан бидний нэг бүрийг энэ дэлхий дээрх төдийгүй бас угтан ирэх мөнхийн амьдралдаа ерөөлтэй амьдрахад хөтөлдөг.

Бурхан Өөрийн хайраараа бидэнд зөвшөөрсөн, хүч ба зөгнөлөөр дамжуулан Манминий Төв Сүмд зориулсан Бурханы сэрэмжлүүлгийг бид одоо шалгах болно.

Бурханы Хайр нь Бүх Сүнснүүдийг Аврахыг Хүсдэг

2 Петр 3:3-4-т:

Юуны өмнө үүнийг мэдэгтүн. Юу гэвээс тэрхүү эцсийн өдрүүдэд элэглэн дооглогчид өөрсдийн хүсэл тачаалаа даган элэглэн дооглосоор ирэх болно. Мөн тэд "Түүний ирэх амлалт нь хаана байна вэ? Эцэг өвгөдийг унтсан цагаас хойш бүх юмс бүтээлийн эхнээс байсан шигээ хэвээрээ байна шүү дээ" хэмээнэ гэснийг бид олдог.

Зууны эцсийн тухай бидний хэлэхэд итгэхгүй олон хүмүүс байдаг. Наран үргэлжид мандаж, жаргаж, хүн байнга төрж, үхэж, соёл иргэншил үргэлжид ахиж дэвшиж байдаг шиг бүх юм үргэлжлэх болно гэдгийг ийм хүмүүс аяндаа хүлээн зөвшөөрөх юм.

Хүний амьдрал эхлэл ба төгсгөлтэй байдаг шиг, хүн төрөлхтөний түүх эхлэлтэй бол бас мэдээж төгсгөлтэй байж таарна. Бурханы сонгосон цаг ирэхэд, энэ дэлхий дээрх бүх зүйлс мөхөлтэй нүүр тулна. Адамаас хойш амьдарч байсан бүх хүмүүс шүүлт хүлээх болно. Тэр хүн энэ дэлхий дээр хэрхэн амьдарч байснаасаа хамааран нэг бол диваажинд эсвэл тамд орох юм.

Нэг талаас, Есүс Христэд итгэж, Түүний үгээр амьдарч байгсад диваажинд очно. Нөгөө талаас, сургаал номлолын дараа ч итгэдэггүй хүмүүс ба Их Эзэнд үнэнчээ илчилдэг ч Бурханы үгээр амьдардаггүй, харин бузар муу ба нүгэлтэй амьдардаг хүмүүс тамд орох болно. Ядаж нэг сүнсийг ч бол нэмж аврахын тулд Бурхан номлолоо дэлхий даяар аль болох түргэн дэлгэрүүлэхийг шавддаг учиртай.

Зууны Эцэст Бурханы Хүч Чадал Түгэн Дэлгэрнэ

Манминий Төв Сүмийг байгуулсан ба гайхамшигт хүчин чадлаа зарлан тунхагласан Бурханы жинхэнэ шалтгаан энд байдаг. Бурхан Өөрийн хүч чадлаа үзүүлснээрээ, жинхэнэ Бурхан оршиж байгаа баримтыг өгөхийг ба диваажин ба тамын үнэн бодитойд хүмүүсийг ухааруулахыг хүсдэг юм. Иохан 4:48-д Есүс, "Хүмүүс та нар хэрэв тэмдэг, гайхамшгуудыг үзэхгүй бол ер итгэхгүй" гэж бидэнд айлдсанчлан, ялангуяа нүгэл ба бузар булай дэлгэрч, мэдлэг тэргүүлэх цагт, хүний бодол санааг доройтуулж чадах хүчний үйлдэл улам бүр хэрэгцээтэй байдаг. Зууны эцэст, Бурхан Манминийг дэг журмыг тогтоон улам бүр нэмэгдэх хүч чадал адисласны учир ийм ажээ.

Түүнээс гадна, Бурханы загварчилсан хүн төрөлхтөний үржүүлэг мөн төгсгөлдөө хүрч байгаа юм. Бурханы сонгосон цаг иртэл, аврал хүртэх боломжтой бүх хүмүүсийг хамгаалахад зайлшгүй хэрэглүүр нь хүч чадал юм. Гагцхүү эрх хүчтэй байж гэмээнэ илүү олон хүмүүс илүү хурдтайгаар авралд замнах болно.

Байнгын хавчлага, зовлон зүдгүүрээс болоод дэлхий даяарх зарим орнуудад шашны номлолыг түгээн дэлгэрүүлэхэд туйлын бэрх бөгөөд, тэр ч байтугай тэнд шажны сургаалыг сонсож байгаа ч үгүй хүмүүс илүү олон байдаг ажээ. Цаашилбал, Их Эзэнд үнэнчээ илэрхийлэгчдийн дунд ч үнэн итгэл бүхий хүний тоо хүмүүсийн боддог шиг өндөр биш байдаг байна. Лук 18:8-д Есүс биднээс "Харин Хүний Хүү ирэхдээ, газар дээр итгэл олох болов уу?" гэж асуудаг. Олон хүмүүс сүмд ирдэг ч, дэлхийн бусад хүмүүсээс төдийлэн ялгаралгүй, нүгэл дунд амьдарсаар байдаг.

Гэвч, Христчдийг хатуу ширүүнээр мөрдөн хавчдаг улс орнууд ба бүс нутгуудад ч, хүмүүс нэгэнтээ Бурханы хүчийн үйлсийг биеэр туулж мэдэрсэн бол, үхлээс айдаггүй итгэл цэцэглэж, номлолын цогтой түгэн дэлгэрэлт урган гардаг. Үнэн итгэлгүйгээр нүгэл дунд амьдрагчид одоо амьд Бурханы хүчийн үйлсийг биеэр туршсанаараа Бурханы үгээр амьдрах эрхтэй болцгоосон.

Хилийн чанадад хийсэн номлолын олон аяллаараа би евангели ба номлол заахыг хуулиар хориглож, сүм хийдийг хавчдаг орнуудад очиж байсан. Би Лалын шашин дэлгэрсэн Пакистан, Арабын Нэгдсэн Эмират улс, Хинду давамгайлсан Энэтхэг зэрэг улсуудад, Есүс Христ гэрчлэгдсэн ба хүмүүс амьд Бурханд итгэж чадах бодит баримтууд нотлогдсоныг гэрчлэхэд, тоо томшгүй олон сүнс хувирч, авралд хүрцгээж байсан. Хэдий шүтээнд мөргөдөг байсан ч гэсэн, Бурханы хүчний үйлсийг биеэр мэдэрмэгцээ, хүмүүс хуулийн уршиг дагавраас айлгүйгээр Есүс Христийг хүлээн зөвшөөрдөг. Энэ нь Бурханы хүчний үнэмлэхүй хэмжээг гэрчилж байгаа юм.

Тариачин ургацын цагт тарьсан тариагаа хураадаг шиг, Бурхан тийм гайхамшгуудыг үзүүлж тийнхүү Тэр сүүлчийн өдрүүдэд аврал хүлээн авах бүх сүнснүүдийг хурааж авах юм.

Библьд Дурьдагдсан Зууны Төгсгөлийн Шинжүүд

Бид, библьд дурьдсан Бурханы үгээр ч бидний амьдарч байгаа цаг үе бол зууны төгсгөлд ойрхон юм гэдгийг хэлж чадна. Хэдийгээр, Бурхан зууны төгсгөлийн өдөр цагийг товлоогүй ч, зууны төгсгөлийг хэлж чадах сэжмийг бидэнд өгч байсан. Үүлшиж эхлэхэд бороо орох нь гарцаагүй боллоо гэж бид урьдчилж мэддэг шиг, түүх өөрийгөө дэлгэн үзүүлж байдаг аргаар Библь дэхь тэмдгүүд бидэнд сүүлчийн өдрүүдийг урьдчилан тааварлах боломж олгодог.

Жишээ нь, Лук 21-д: "Та нар дайн дажин, түгшүүрийн тухай сонсвол бүү айгтун. Учир нь эхлээд энэ бүхэн болох ёстой юм. Харин төгсгөл нь хараахан биш юм" (v9), "хүчтэй газар хөдлөлтүүд болно. Олон газар гай гамшиг болон өлсгөлөн болж, тэнгэрээс аймшиг болон үлэмж тэмдгүүд үзэгдэнэ" (v11) гэснийг бид мэднэ.

2 Тимот 3:1-5-д:

Эцсийн өдрүүдэд хэцүү цаг ирнэ гэдгийг мэдэж ав. Учир нь хүмүүс өөрсдийгөө хайрлагчид, мөнгийг хайрлагчид, сагсуурагчид, их зантай, доромжлогчид, эцэг эхдээ захирагдахгүй, үл талархагч, ариун бус, үл хайрлагч, эвлэршгүй, гүжирдэгчид, биеэ хянадаггүй, хэрцгий, сайныг үзэн ядагчид, тэрслэгчид, бодлогогүй, биеэ тоодог, Бурханыг хайрлагчид байхаасаа илүү зугаа цэнгэлийг хайрлагчид болох болно. Тэд бурханлаг байдлын дүртэй байх боловч түүний хүчийг нь үгүйсгэдэг. Чи тийм хүмүүсээс зайлсхийж яв гэсэн байдаг.

Өнөөдөр дэлхий даяар олон гай гамшиг болж, тэмдгүүд үзэгдэж байгаа ба хүмүүсийн зүрх ба оюун санаа улам бүр бузар болж байна. Долоо хоног бүр би үйл явдал болоод осол, золгүй явдлын мэдээ бүхий хавчуургыг хүлээн авдаг бөгөөд хавчуургын хэмжээ тогтмол өссөөр байна. Энэ нь олон сүйрлүүд, байгалийн гамшгууд, муу ёрын үйлдлүүд дэлхий дээр болж байгааг илэрхийлж байгаа юм.

Гэвч, хүмүүс эдгээр үйл явдлууд болоод ослуудад урьдын адил цочрохоо болжээ. Тийм осол, үйл явдлын түүхтэй байнга, хэтэрхий олон тулгарсаар байгаад, хүмүүс эдгээрт дасал болцгоожээ. Тэдний олонхи нь харгис хэрцгий гэмт хэрэг, том хэмжээний дайн, байгалийн гамшиг ба харгислалаас үүдсэн хохиролууд ба гамшгуудыг төдийлэн буурьтай авч үздэггүй. Эдгээр үйл явдлууд нь нийтийн мэдээллийн хэрэгслүүдийн тэргүүн нүүрийг дүүргэхэд ашиглагддаг. Гэвч, гүн эмзэглэж хүлээн аваагүй, эсвэл таньдаг хүмүүст нь тохиолдсон биш л бол ихэнх хүмүүсийн тухайд ийм тохиолдлууд тийм ч сүйдтэй бус бөгөөд төдөлгүй мартагддаг.

Түүх өөрийгөө дэлгэдэг шиг замаар, сэрүүн соргог бөгөөд

Бурхантай тов тодорхой холбоотой хүмүүс Их Эзэний Залралт гарцаагүй гэдгийг нэгэн дуугаар гэрчилцгээдэг.

Зууны Төгсгөлийн Зөгнөлүүд ба Манмин Төв Сүмийм төлөөх Бурханы энэрэл

Манминд тайлагдсан Бурханы зөгнөлөөр дамжин энэ бол чухамдаа зууны төгсгөл юм гэдгийг бид хэлж чадна. Манмин үүссэнээс өнөөгийн өдрийг хүртэл, ерөнхийлөгчийн болон парламентын сонгуулиудын үр дүнгүүд, Солонгосын ба гадаадын эрхэм болоод олонд танигдсан хүмүүсийн үхэл зэрэг дэлхийн түүхэнд тэмдэглэгдсэн олон бусад үйл явдлуудыг Бурхан урьдчилж хэлсэн байсан. Товчилсон үгтэй ийм мэдээллийг би олон удаа сүмийн долоо хоног бүрийн мэдээнд илчилж байлаа. Агуулга нь хэт эмзэг сэдэвтэй байвал, тэдгээрийг би зөвхөн хэдхэн хүнд л илчилдэг байсан. Сүүлийн жилүүдэд би индэр дээрээс үе үе Хойд Солонгос, АНУ-д хамаатай ба дэлхий дахинд болох үйл явдлуудыг илчлэн зарлаж байлаа.

Зөгнөлүүдийн ихэнх нь хэлсэнчлэн биелж байсан бөгөөд, хараахан биеллээ олоогүй зөгнөлүүд нь одоо болж байгаа, эсвэл болох гэж байгаа үйл явдлуудыг хамааруулдаг. Онцлох баримт гэвэл хойшид биеллээ олох үйл явцуудтай холбоотой зөгнөлүүдийн ихэнх нь сүүлчийн өдрүүдэд хамаатай ажээ. Тэдгээрийн дотор Манминий Төв Сүмийн тухай Бурханы зөгнөл байгаа болохоор эдгээр зөгнөлүүдээс хэдхэнийг нь бид нягталж үзэх юм.

Өмнөд ба Хойд Солонгосын харилцаатай хамаатай эхний зөгнөл

Байгуулагдсанаас нь эхлээд Бурхан Хойд Солонгост хийх их үйл хэрэг Манминд нээж өгсөн. Учир нь сүүлчийн өдрүүдэд Хойд Солонгосыг евангелчлалах дуудлага бидэнд байгаа юм. Хойд ба Өмнөд Солонгосын удирдагчдын хоорондын Дээд хэмжээний уулзалт ба түүний үр дагаврыг 1983 онд Бурхан бидэнд урьдчилан хэлсэн билээ. Дээд хэмжээний уулзалтаас хойш Хойд Солонгос түр зуур дэлхий дахинд нээлттэй байсан авч удалгүй дахин хаалттай болох болно. Хойд Солонгос нээгдэхэд, ариун шашны номлол ба Бурханы хүч энэ оронд нэвтрэх ба дагаад евангелчлал үүснэ гэж Бурхан бидэнд урьдчилан хэлсэн. Хойд ба Өмнөд Солонгос хоёулаа тодорхой байдлаар өөрсдийгөө илэрхийлсэн цагт Их Эзэний Залралт гарцаагүй болно гэдгийг санааарай хэмээн Бурхан бидэнд хэлсэн. Хоёр Солонгос "тодорхой байдлаар илэрхийлэх" арга замын тухайд нууцыг сахь гэж Бурхан надад хэлсэн болохоор, би энэ мэдээллийг хараахан дэлгэж чадаагүй юм.

Та нарын олонхийн чинь мэдэж байгаачлан, хоёр Солонгосын удирдагчдын хоорондын дээд хэмжээний уулзалт 2000 онд болсон билээ. Олон улсын зүгээс үзүүлж буй шахалтад Хойд Солонгос бууж өгөн, удалгүй нээлттэй болно гэдгийг та нар мэдэрч байгаа бизээ.

Дэлхийн томилгоон дуудлагад хамаатай хоёр дахь зөгнөл.

Бурхан Манминд хэдэн арван, хэдэн зуун мянга, сая сая хүмүүс цугларах хэд хэдэн далайн чанадын аян бэлдсэн бөгөөд Түүний гайхамшигт хүчээр дэлхийг даруй евангелчлэхаар адисласан юм. Эдгээрт, мэдээ нь Каблийн Мэдээний Сүлжээ (CNN) -гээр олон оронд нэвтрүүлэгдэж байсан Угандын Ариун Сургаалын Аян; Лалын ертөнцийг доргиож, Ойрх Дорнодод номлолын үйлсийн үүдийг нээсэн Пакистаны Эмчилгээний Аян; олон олон өвчнүүд, түүний дотор ДОХ-ыг эмчилсэн Кенийн Ариун Номлолын Аян;

Бурханы хүч эрчтэй илэрч байсан Филиппиний Нэгдсэн Эмчилгээний Аян; Хожим Ариун Сүнсний шуургыг авчирсан Гондурасын Ид Шидэт Эмчилгээний Аян; Дөрвөн хоногийн аяны туршид гурван сая гаруй хүн цугларсан, дэлхийн хамгийн том Хиндү орон-Энэтхэгт болсон Ариун Эдгээлтийн Залбирлын Фестивал Аян зэрэг орно. Эдгээр бүх аянууд нь Манмин түүний сүүлчийн хүрэх газар болох Израйлд нэвтрэх гишгүүр болсон үйл ажиллагаа юм.

Бурхан, хүн төрөлхтөнийг өсгөвөрлөн үржүүлэх агуу төлөвлөгөөнийхөө дагуу Адам, Ева нарыг бүтээсэн бөгөөд дэлхий дээр амьдрал эхэлсний дараа хүн төрөлхтөн үржиж олширчээ. Олон үндэстний дотроос Бурхан, Иаковын үр удам болох нэгэн үндэстэн-Израйлийг сонгосон юм. Израйлийн түүхээс үзэхэд Бурхан хүн төрөлхтөнийг үржүүлэхийн төлөөх Өөрийн алдар ба нигүүслээ ганц Израйлчуудад төдийгүй дэлхийн бүх хүмүүст илчлэхийг хүссэн байдаг. Израйлийн ард түмэн тэгэхээр, хүн төрөлхтөний үржүүлгийн загвар болж байдаг ба Бурхан Өөрөө зохицуулж байдаг Израйлийн түүх бол зөвхөн ганц үндэстний түүх биш харин бүх хүн төрөлхтөнд зориулсан Түүний илгээмж юм. Түүнээс гадна, Адамаар эхэлсэн хүн төрөлхтөний үржүүлгийг гүйцээхээсээ өмнө шашны номлолыг анх дэлгэрсэн Израйлдаа эргэж ирэхийг Бурхан таалж байсан. Гэвч, Израйлд Христчүүдийн цугларалт ба шашны номлолыг түгээн дэлгэрүүлэхийг удирдах нь туйлын бэрх ажээ. Диваажин ба дэлхийг доргиож чадах Бурханы хүчний тунхаглал Израйлд шаардагдаж байгаа бөгөөд, Бурханы урьдаас төлөвлөсөн энэ хэсгийн гүйцэтгэл бол сүүлчийн өдрүүдэд Манминийг тодорхойлсон дуудлага юм.

Бурхан хүн төрөлхтөний авралын нигүүслэлээ Есүс Христээр дамжуулан гүйцэтгэж, Есүсийг өөрийн Аврагчаа хэмээн хүлээн зөвшөөрсөн хэн бүгдэд мөнхийн амьдрал хүлээж авахыг өршөөн соёрхсон. Гэвч, Бурханы сонгосон Израйлын ард түмэн Есүсийг Месаиа гэж хүлээн зөвшөөрдөггүй ажээ. Түүгээр барахгүй, Түүний хүүхдүүд агаар мандалд өргөгдөх мөчийг хүртэл Израйл хүмүүс Есүс Христээр дамжсан авралын нигүүслэлийг ойлгоогүй байх болно.

Сүүлчийн өдрүүдэд Израйлын ард түмэн гэмшиж, Есүсийг өөрсдийн Аврагчаа хэмээн хүлээн авч, тийнхүү авралд хүрээсэй гэж Бурхан хүсдэг. Бурхан Өөрийн Манминд өгсөн сүр жавхлантай дуудлагаар дамжин ариун байдлын сургаал Израйлд нэвтрэн орж, орон даяар түгэн дэлгэрэхийг соёрхсоны учир энэ ажгуу. Бурханы хүсэл таалалд нийцсэн номлолын үйлсийн шийдвэрлэх, зорилтот ажлууд Ойрх

Дорнодод 2003 оны дөрөвдүгээр сард эхлэлээ тавьсан ба одоо Манмин, Израйлд зориулсан тусгай бэлтгэл хийх ба Бурханы нигүүслэлийг гүйцэлдүүлэх юм.

Агуу Их Шүтээн Байгуулалтын тухай гуравдугаар зөгнөл

Манмин байгуулагдсаны дараахан, сүүлчийн өдрүүд дэх Өөрийн урьдчилсан зөгнөлөө илчилсэн шигээ, дэлхийн бүх хүмүүст Бурханы алдрыг илчлэх Агуу Их Шүтээнийг Байгуулах дуудлагыг Бурхан бидэнд өгсөн.

Хуучин Гэрээний үед, үйлдлээр аврал хүлээн авах нь боломжтой байжээ. Хэн нэгний зүрхэн дэх нүгэл хилэнц зайлуулагдаагүй байсан ч, тэр нүгэл хилэнц удаан хугацаанд гадна үйлдэгдээгүй байсан л бол хэн ч бай аврагдаж чадахаар байсан. Хуучин Гэрээний үеийн дуган бол хүмүүс Бурханд хуульд заасанчлан зөвхөн үйлдлээрээ зүтгэдэг байсан дуган юм. Гэвч, Шинэ Гэрээний үед Есүс ирж, хайрын хуулийг биелүүлэн, тэгээд Есүс Христэд итгэсэн өөрсдийн итгэлээрээ бид аврал хүлээн авдаг байсан. Шинэ Гэрээний цаг үед Бурханы хүсдэг дуган зөвхөн үйлдлээр бус бас сэтгэлээр бүтээгдэх болно. Энэ дуган нь нүгэл хилэнцээ зайлуулж, ариуссан зүрхтэй, Бурханы жинхэнэ хүүхдүүдийн Түүнд өгсөн хайраар, баригдах жамтай ажээ. Хуучин Гэрээний үеийн дуган сүйтгэгдэж, жинхэнэ сүнслэг илэрхийллийн шинэ дуган баригдахыг Бурхан соёрхсоны учир ийм юм.

Тийм болохоор, Агуу Их Шүтээнийг барих хүмүүс Бурханы мэлмийд таалагдаж тохирохуйц байх ёстой. Тэд ариун болоод цэвэр сэтгэлээр хөвчилсөн, итгэл, найдвар, хайраар дүүргэгдсэн зүрхтэй Бурханы хүүхдүүд байх ёстой. Түүний ариуссан хүүхдүүдээр баригдсан Агуу Шүтээнийг харахдаа Бурхан барилгын гадна үзэмж төдийгөөр сэтгэл амирлахгүй юм. Харин, Тэр энэ Агуу Шүтээнээр, тэрхүү Шүтээн бүтээгдэх үйл явцыг эргэн цуглуулж, Түүний нулимс, амин золиос, тэвчээрийн үр болох Түүний жинхэнэ хүүхдүүдээ нэг бүрчлэн дурсан санах болно.

Агуу Шүтээн нь гүн гүнзгий утгагуулгатай. Энэ нь сайн үрээ хураадж авсны дараах Бурханы амирлангуй байдлын бэлэгдэл мэт хүн төрөлхтөний үржлийн хөшөө дурсгал болох юм. Дэлхийн бүх хүн төрөлхтөнд Бурханы алдрыг илчлэх дурсгалын барилгын төсөл учраас энэ нь сүүлчийн өдрүүдэд баригдах болно. 600 метрийн (1970 тохой) голч, 70 метр (230 тохой) өндөртэй Агуу Шүтээн нь гоёмсог, ховор нандин, үнэтэй тансаг материалуудаар хийгдэх нүсэр байгууламж

"Агуу их Шүтээн
бүтээгдээсэй..."

бөгөөд бүтэц, чимэглэлийн хэсэг бүрт Шинэ Иерусалимын алдар, зургаан өдрийн бүтээл ба Бурханы хүч шингэсэн байх юм. Агуу Шүтээнийг харах л дангаараа Бурханы агуу их ба алдрыг аргагүй мэдрэхэд нь хүмүүст хангалттай байх болно. Үл итгэгчид ч энэхүү үзэмжийг бишрэх ба Түүний алдрыг хүлээн зөвшөөрнө.

Эцэст нь, Агуу Шүтээний байгууламж бол тоо томшгүй олон сүнснүүдийн аврал хүлээн авах байрны бэлтгэл юм. Сүүлчийн өдрүүдэд нүгэл ба бузар Ноагийн үед байсан шиг дэлгэрэхэд, Бурханы хүүхдүүдээр удирдуулж байсан, ба Агуу Шүтээнд очиход тохирох, цаашдаа Түүнд итгэдэг болно гэж Түүний үздэг хүмүүс аврал хүлээж авч чадна-In the last days when sin and evil thrive, as was the case in times of Noah, when people who have been led by God's children, He deems proper come to the Grand Sanctuary and come forth to believe in Him, they can receive salvation??? Улам бүр олон хүмүүс Бурханы алдар, сууг сонсож, тэгээд тэд өөрсдөө иржь, үзэцгээх болно. Тэднийг ирэхэд, Бурханы тоолж барамгүй олон баримт нотолгоонууд үзэгдэнэ. Тэд сүнслэг ертөнцийн нууцуудыг заалгах ба Түүний өөрийн төрхтэй адилссан жинхэнэ хүүхдүүдийг хураан авахыг зорьж байгаа Бурханы хүслээр гэгээрэх болно.

Агуу Шүтээн нь бидний Их Эзэний залрахын өмнөх, шашны номлолыг дэлхий дахинд түгээх эцсийн үе шатны гол төв болж үйлчлэх юм. Түүнээс гадна, Агуу Шүтээнийг бүтээж эхлэх цаг нь ирэхэд, Тэр эд баялаг болоод эрх мэдэлтэй хаад, хувь хүмүүсийг энэ барилга байгууламжид туслуулахаар удирдах болно гэж Бурхан Манминд хэлж байсан.

Үүссэн цагаас нь, Бурхан сүүлчийн өдрүүдийн зөгнөлүүд ба Манминии Төв Сүмийн тухайд Өөрийн урьдчилан харснаа илчилж байсан. Энэ өдөр ч, Тэр улам бүр нэмэгдэж байгаа хүчээ тунхагласаар, Өөрийн Үгэндээ хүрсээр байна. Сүмийн түүхийн туршид Өөрийн урьдчилан харснаа гүйцэлдүүлэхийн тулд Бурхан Өөрөө Манминийг удирдаж байсан юм. Түүгээр барахгүй, Их Эзэний эргэж ирэх мөч хүртэл, Түүний бидэнд даалгасан бүх үүргүүдийг биелүүлэх, дэлхий дахинд Их Эзэний алдрыг илчлэхийн тулд Тэр биднийг удирдах болно.

Иохан 14:11-д, Есүс "Би Эцэгийн дотор, Эцэг Миний дотор байгаа гэдэгт Надад итгэгтүн. Эс бөгөөс үйлсийн учир итгэгтүн" гэж бидэнд хэлжээ. Дэд Хууль 18:22-т "Хэрэв эш үзүүлэгчийн ЭЗЭНий нэрээр хэлсэн зүйл болох ч үгүй, биелэх ч үгүй байвал тэр нь ЭЗЭНий айлдсан үг биш. Тэр эш үзүүлэгч үүнийг дураараа хэлсэн байх тул чи түүнээс бүү ай" гэсниийг бид олдог. Та нарыг Манминий Төв Сүмд тунхаглагдсан ба илчлэгдсэн хүч болоод зөгнөлүүдээр дамжуулан Бурханы урьдчилсан сэрэмжлүүлгийг ойлгох байх хэмээн би найдаж байна.

Бурхан Өөрийн урьдчилсан сэрэмжлүүлгийг Манминий Төв Сүмээр дамжуулан сүүлчийн өдрүүдэд гүйцэтгэхдээ, сэргэн мандал ба хүчийг энэ сүмд гэнэтхэн өгөөгүй юм. Тэр биднийг хорь гаруй жил сургасан билээ. Эгц, өндөр ууланд авирч, догшин ширүүн тэнгист том давалгаан дунд сэлж байгаа мэт, Тэр биднийг сорил дундуур ахин дахин дагуулж, тэдгээр сорилтуудыг бат итгэлээрээ даван туулсан хүмүүсээр дэлхийн томилолт гүйцэтгэж чадах хөлгийг бэлдсэн.

Энэ нь бас та нарт тус бүрт чинь хамаатай юм. Хэн нэгнийг Шинэ Иерусалимд оруулж чадах тэр итгэл нь гэнэт үүсэх юмуу хөгждөггүй ажээ. Та нар үргэлж сэрэмжтэй байж, бидний Их Эзэний эргэж ирэх өдөрт бэлэн байх ёстой. Юуны түрүүнд, нүглийн бүх хануудыг нурааж, гуйвшгүй болоод оргилуун итгэлтэйгээр диваажин уруу тэмүүлээрэй. Та нарыг энэ мэт эргэлтгүй шийдвэртэйгээр урагш дэвших юм бол, Бурхан та нарын сүнсийг сайн байлгахаар эргэлзээгүй адислах ба та нарын зүрхний хүсэлд хариулах болно. Түүнээс гадна, Бурхан, Түүний урьдчилсан сэрэмжлүүлсэн сүүлчийн өдрүүдэд та нар Түүний эрхэм хөлөг мэт хэрэглэгдэж чадах сүнслэг чадвар ба эрх мэдлийг та нарт олгоно.

Та нарыг Их Эзэнийг эргэж иртэл ба өнө мөнхийн диваажинд буюу Шинэ Иерусалим Хотод дахин уулзахын төлөөх өөрсдийн оргилсон итгэлийн тулд мацаг бариасай хэмээн бидний Их Эзэн Есүс Христийн нэрээр би залбирья!

Зохиогч
Др. Жаерок Лее

Др. Жаерок Лее нь 1943 онд Бүгд Найрамдах Солонгос Улсын Жионнам мужийн Муанд төрснөө. Хориод настайдаа Др.Лее нь олон янзын эмчилгээгүй өвчнүүдээр долоон жил шаналж, сэхэх найдваргүйгээр үхлээ хүлээж байсан. Гэвч, 1974 оны хаврын нэгэн өдөр, эгчээрээ хүргүүлж сүмд ирээд залбирахаар сөгдөхөд, Амьд Бурхан тэр даруй түүний бүх өвчнийг эдгэрүүлжээ.

Энэ гайхамшигт туршлагаар Амьд Бурхантай учирсан тэр мөчөөс Др. Лее Бурханыг чин зүрхнээсээ хайрлах болж, 1978 онд Бурханы зарц болохоор дуудагджээ. Тэр шаргуу залбирсаар тийнхүү Бурханы хүслийг яруу тодорхой ойлгож чадсан ба түүнийг бүхэлд нь биелүүлж, Бурханы Айлтгал бүгдийг дуулгавартай дагадаг болсон. 1982 онд тэр Солонгосын Сөүлд Манмин Төв Сүмийг байгуулсан бөгөөд ид шидэт эмчилгээнүүд ба гайхамшгууд зэрэг Бурханы тойм үгүй олон үйлс энд биеллээ олж байлаа.

1986 онд, Др. Лее Солонгосын Есүсийн Сүнгкиулийн Сүмийн Жил Бүрийн Ассемблей дээр пастороор томилогдсон ба дөрвөн жилийн дараа 1990 онд түүний номлол Австрал, Орос, Филиппин зэрэг олон орнуудад Алс Дорнодын Телевизийн Компани, Азийн Телевизийн Станц, Вашингтоны Христийн Радио Системээр дамжуулагдаж эхэлсэн.

Гурван жилийн дараа 1993 онд Манминий Төв Сүм нь Христийн Ертөнц (АНУ) сэтгүүлийн шалгаруулалтаар "Дэлхийн шилдэг 50 Сүм"-ийн нэгээр шалгарч, тэр өөрөө АНУ-ын Флорида мужийн Христийн Итгэл Коллежийн Шашны Хүндэт Доктороор өргөмжлөгдсөн ба 1996 онд АНУ-ын Аиова мужийн Кинсвэйн Шашны Сургаалыг Судлах Сургуульд эрдмийн зэрэг (Ph.D) хамгаалжээ.

Др. Лее 1993 оноос Танзан, Аргентин, Лос Анжелос, Балтимор хот, Хавай, Нью Йорк, Уганда, Япон, Пакистан, Кени, Филиппин, Гондурас,

Энэтхэг, Орос, Герман, Перу, Ардчилсан Конго Улс, Израйл зэрэг хот улсуудад хийсэн далайн чанад дахь олон аянуудаараа дэлхийн томилолтыг удирдаж байсан. 2002 онд олон янзын Агуу Их Нэгдсэн Аянд хийсэн ажлуудынхаа төлөө Солонгосын Христийн гол сонинуудаас "дэлхийн пастор" хэмээх цол хүртсэн байна.

2010 оны есдүгээр сар гэхэд Манмин Төв Сүм нь 100,000 гаруй гишүүдийн цуглаан болжээ. Дэлхий даяар орон нутгийн болоод далайн чанадын 9,000 салбар сүмүүд байгаа ба одоогийн байдлаар АНУ, Орос, Герман, Канад, Япон, Хятад, Франц, Кени зэрэг 23 оронд 132 номлогчид томилогдоод байна.

Энэ хэвлэгдэх өдөр гэхэд Др.Лее Үхлийн Өмнө Мөнхийн Амьдралыг Амтлах нь, "Миний Амьдрал Миний Итгэл I ба II, Загалмайн Илгээлт, Итгэлийн Хэмжүүр I ба II, Там, Бурханы Хүч зэрэг шилдэг борлуулалттайг оролцуулаад 60 ном товхимол бичсэн. Түүний бүтээлүүд 44 хэл дээр орчуулагдсан болно.

Түүний Христч мөрүүд Ханкуук Илбо, ЖоонгАнг Дэйли, Донг-А Илбо, Мунхва Илбо, Сөүл Шинмун, Киунгхианг Шинмун, Ханкиорэ Шинмун, Корея Экономик Дэйли, Корея Хералд, Шиса Ньюс, Христиан Пресст нийтлэгддэг.

Др.Лее одоогийн байдлаар Есүс Христийн Нэгдсэн Ариун Сүмийн Тэргүүн, Манмин Дэлхийн Томилилтын Ерөнхийлөгч, Дэлхийн Христийн Дахин Сэргэх Томилолтын Холбооны Байнгын Ерөнхийлөгч, Манмин ТВ-ийн үндэслэгч, Дэлхийн Христийн Сүлжээний (GCN) Ерөнхийлөгч, Дэлхийн Христч Докторуудын Сүлжээний (WCDN) Үндэслэгч ба Удирдах Зөвлөлийн Дарга, Манминий Олон Улсын Шашны Сургуулийн (MIS) Үндэслэгч ба Удирдах Зөвлөлийн Дарга зэрэг олон номлолын байгууллагууд ба холбоодын тэргүүн юм.

www.ingramcontent.com/pod-product-compliance
Lightning Source LLC
LaVergne TN
LVHW021813060526
838201LV00058B/3365